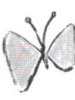

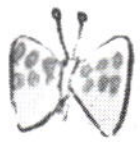

0歳〜6歳

心の育ちと対話する保育の本

加藤繁美●著

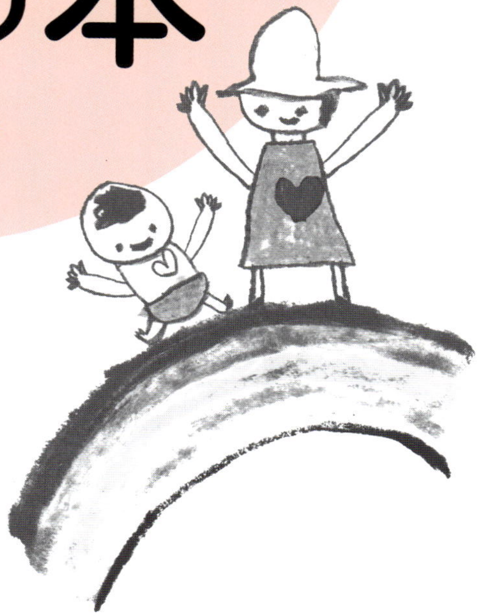

Gakken

まえがき

　もう35年も前のことになりますが、大学卒業後、ある大学の附属幼稚園に4年間勤めたことがあります。もちろん、たった4年間の経験で保育がわかったとは思っていませんし、自分の経験を基に保育一般を語ることの弊害は、だれよりも知っているつもりです。しかし、そこで出会った子どもたちとの間に生まれたたくさんの物語が、保育を語るわたしの原体験となっていることは否めませんし、その経験を抜きにわたしの保育論を語ることができないのも、これまた確かな事実なのです。

　最初に担任した5歳児のクラスに、ミズエさんという女の子がいました。そのミズエさんのお母さんから最近、一冊の同人誌が送られてきました。開封してみると、そこには次のような文章が綴られていました。

　寒さがピークになると、娘が幼稚園に通っていたころを思い出す。給食の時間が近づき、皆でテーブルを並べ替え、娘がふきんでふき、それを水道の水で洗った。先生は「冷たかったネ」と、しもやけで赤くはれた娘の手を両手で包むように温めてくれた。娘はこの感動を力強くジェスチャーを加えてわたしに聞かせてくれた。先生は大学を卒業したばかりの保父さんで、若さと深い愛情で子ども自身の意欲を導き出そうと頑張っておられた。
　今、その保父さんは大学教授となり、未来の教師を育てている。娘は2人の男の子に恵まれ、楽しみながら体当たりの子育てをしている。すでに35年が経過しているが、2人の絆はずっと続いている。

　実は35年前にも、ミズエさんのお母さんがこの話を聞かせてくれたのですが、そのときわたしはこの場面がなかなか思い出せなかったことを、今でも覚えています。つまり、わたしが無意識にとった行動が、ミズエさんにとっては意味ある物語として位置づくことになり、それをお母さんに向かって「力強くジェスチャーを加えて」話したということなのです。
　考えてみたら、保育の本質部分は本当はそんなところにあるのかもしれません。保育者が懸命に考え、準備した活動が子どもの心に残っていかないのに、何も考えずに行動したことが、その子の心の発達に大きな影響を与える……。おそらく子どもの心が育つ瞬間というのは、そんなささいな出来事のなかに存在し、そのような経験を地層のように積み重ねながら、人間の心は形成されていくのです。
　この本を書きながら、そんなことを何度も考えていました。

この本は、発達する乳幼児の心と、対話する保育実践について書いた本です。つまり、「心の育ち」と「対話する保育」という2つのテーマを扱った本なのですが、もちろんこの2つのテーマは、深いところでつながっています。

> 大事 →

命令・強制・指示の関係を生きる子どものなかに、豊かな心は育ちません。
あるいは逆に、放置・放任された子どものなかにも、豊かな心は育ちません。

　発達しようとする子どもの心に、限りない尊敬と、人間らしい要求が注がれるとき、初めて子どもの心は豊かに育っていくのです。本書のなかでは、そうした関係を「対話」という言葉で表現しています。
　今よりもっとおもしろく、もっとステキに生きたいと願いながら活動する子どもの主体性と、その子どもと共に生きようとする保育者の主体性が絡み合うとき、そこに「保育実践の物語」が生まれます。つまり、そうやって生まれた「物語」のなかで、それぞれの子どもにとって「かけがえのない発達の物語」が創り出されていくのです。そしてその過程で、子どもたちはそれまで自分を覆っていた古い自分から脱皮し、新しい自分と出会っていきます。本書のなかでは、子どもたちがこうして「新しい自分」と出会いながら「自分づくり」をしていく過程を、「心の発達」と位置づけています。
　もちろん、保育の現実が理論どおりに展開していくわけではありません。子どもの心が育つ環境はますます悪化し、子どもたちの心を育てる営みに困難が増しているのが現実です。しかしながらそんなときだからこそ、子どもの「心の育ち」を意識的につくり出す保育実践が重要な意味をもっていることも、確かな事実なのです。

　この本をきっかけに、育つ子どもの心と対話する保育実践が、豊かに創造されていくことを期待します。

加藤繁美

もくじ

まえがき …… 2

乳幼児の「心の育ち」とは …… 6
育ちのダイナミズム〜2つの自我世界が織りなすドラマ〜 …… 8
「対話する保育」とは …… 12

乳児期のあらすじと特徴 …… 15

乳児前期 2か月〜6か月

心地よさの原体験としての「快・不快」 …… 18
目と手の協応関係が自由をひらく …… 19
- 保育現場から　五感を刺激するおもちゃ …… 20
- 対話する保育実践　モノへの要求が、自由に動く身体をつくり出す …… 21
かかわられる心地よさが生み出す愛着 …… 22
- 保育現場から　繰り返しが心地よい歌 …… 23
- 対話する保育実践　保育者と保護者との対話が、保育を豊かにする …… 24

乳児中期 6か月〜10か月

心地よい身体感覚 VS 生活リズム・生活文化 …… 26
- 対話する保育実践　「自分で食べたい」という思いを大切に …… 27
自由に動く身体がつくる探索の物語 …… 28
- 保育現場から　はいはいを促す環境 …… 29
- 対話する保育実践　「探索の物語」は共感し合う関係のなかで …… 30
特定の大人との間に育つ基本的信頼感 …… 31
- 保育現場から　共感の根っこを育てるふれあいあそび …… 32

乳児後期 10か月〜1歳半

生活リズム・生活文化を心地よさの身体感覚に …… 34
探索する身体から探究する身体へ …… 35
- 保育現場から　園庭で探索あそび …… 36
模倣と同調が育てる共感の根っこ …… 37
- 保育現場から　まねっこあそび …… 38
- 対話する保育実践　保育者に序列をつけるミキが心を開くとき …… 40
- 対話する保育実践　子どもの興味に寄り添い、三項関係を豊かに！ …… 42

幼児期のあらすじと特徴 …… 44

幼児前期 1歳半〜3歳

強烈な自己主張 〜こだわり・だだこね〜 …… 48
- 対話する保育実践　自我を「受け止めて、切り返す」と言うけれど …… 50
拡大する自我 VS 生活文化 …… 52
興味が広げる探究する物語 …… 53

幼児前期 1歳半〜3歳

- 対話する保育実践　カマキリの生命に向き合って …… 54
- 共感から広がる文化の世界 …… 56
- 保育現場から　言葉やリズムのおもしろさを繰り返し楽しむ歌・絵本 …… 57
- 保育現場から　身体を使ったふれあいあそび …… 58
- 想像する力の誕生 〜見立て・つもりあそび〜 …… 59
- 保育現場から　見立て・つもりあそびのイメージを広げるために …… 60
- 対話する保育実践　ごみ収集車ごっこのおもしろさ …… 61
- 対話する保育実践　探索する物語は、虚構と想像の物語と共に …… 63

幼児中期 3歳〜4歳半

- **自信と誇りの3歳児、自分が見える4歳児** …… 66
- 生活文化への挑戦 〜拡大する自我 VS 生活文化〜 …… 69
- ごっこ・ごっこの3、4歳児 〜ごっこの気分がつなげる不思議な関係〜 …… 72
- 対話する保育実践　鬼ごっこ・かくれんぼはおもしろい …… 74
- 探究する物語からプロジェクト活動へ 〜知的好奇心が科学する心に変わるとき〜 …… 76
- 対話する保育実践　探索と探究の物語を、協同する活動（プロジェクト活動）に …… 78
- 文化に開かれた豊かな生活 …… 81
- 対話する保育実践　お話の世界が広げる虚構と想像の共同体（物語共同体）…… 83

幼児後期 4歳半〜6歳

- **仲間と協同する心の育ち** …… 86
- 協同する生活とあそび 〜日常の生活も自分たちで能動的に〜 …… 90
- 対話する保育実践　栄養士と子どもたちの対話的実践 …… 91
- 対話する保育実践　ウサギ当番が決まるまで …… 92
- 対話する主体を育てるプロジェクト活動 …… 94
- 対話する保育実践　アホウドリ・プロジェクト …… 96

あとがきにかえて……

- 対話する保育のリアリティー …… 99
- 自己内対話能力に歪みをもった子どもと保育 …… 101

本書の見方

本書（P.18〜）を構成する見出しタイトルについて説明します。

- 心の育ちと対話する保育　……各期に見られる子どもの心の育ちと対話する保育のポイントについて、テーマごとに解説します。
- 対話する保育実践　……「心の育ちと対話する保育」で解説した内容と関連して、実際の保育実践記録を基に子どもの育ちや保育実践について解説します。
- 保育現場から　……各期の育ちに応じたあそびや環境設定を、保育現場から提案します。

※各テーマに付いているマークについては、P.13の説明をご参照ください。

乳幼児の「心の育ち」とは

まず、この本のテーマである「心の育ち」とは何かを考えてみましょう。

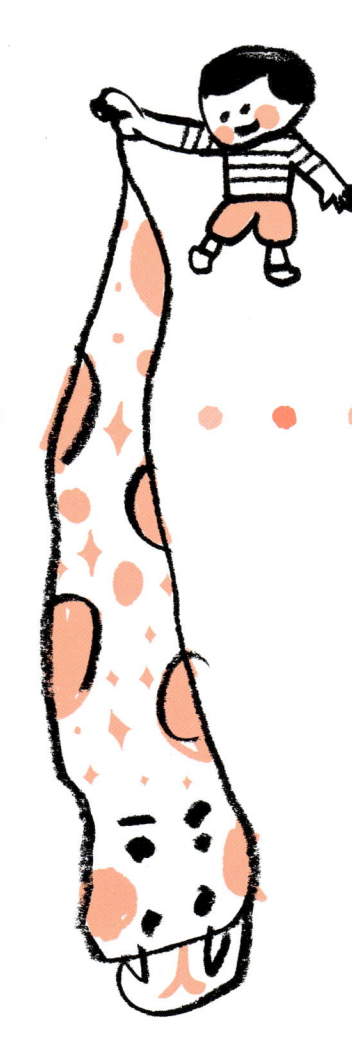

心の育ちは、「発達の物語」と共に

　子どもたちが生活し、活動する空間は、たくさんの物語で満ちあふれています。もっとも、ここでいう「物語」とは、昔話や童話といった「お話」のことではありません。多様な経験を通して子どもたちが創り出す「人生の物語（life story）」とでも言えばよいでしょうか。驚きや発見、感動や共感、矛盾や葛藤（かっとう）といった感情と共に、自らのなかに「かけがえのない発達の物語」を創り出しながら生きていく存在——それがまさに、「発達する子どもたち」のリアルな姿なのです。

　例えば子どもたちは、周囲に広がる自然に驚き、不思議がり、さまざまな発見を繰り返す過程で、自分にとって「かけがえのない物語」を創り出していきます。

　　おかあさん　へびは　どこから　しっぽなの

　こんな不思議な世界をじっと見つめながらつぶやく4歳児の心には、自然と対話しながら形成される物語が、世界を不思議がる心の育ちと共に豊かに広がっています。

　　おかあさん　どうして　そとがわは　くびで　なかは　のどなの

　ここにも、言葉で命名された世界の不思議に悩みながら考える3歳児の姿があります。もちろん、子どものなかに広がる「物語」は、自然やモノをおもしろがったり、不思議がったりすることに限定されるわけではありません。母親や父親との間でつくられる親密な関係を基礎に、保育者・友達へと広がっていく人とのかかわりを通して、社会的存在として生活する子どもの心は、より人間らしいものに磨き上げられていきます。

　　さっきは　やさしいひと　だったのにな

　自分をしかる母親に対してつぶやいた3歳児の言葉です。こんなことを言われたら、しかる気持ちもなえてしまうことでしょう。

どうして　みんなと　おべんとう　たべるときは　おいしくて
　みんなと　えんそくするときは　つかれるんだろう

　こんな言葉をつぶやく4歳児の心のなかには、「仲間と一緒にいることが楽しくて仕方ない」、そんな気持ちが広がっています。そしてそんな大好きな仲間と一緒にいるのに、お弁当を食べるときは「おいしく」感じて、一緒に歩くときは「疲れて」しまうことが、彼には不思議で仕方ないのです。

　おかあさん　わるいことしたら　じごくへいくんやろ
　いいことしたら　てんごくへいくんやろ
　ふつうやったら　どこへいくんや

　ここには、世界を哲学する5歳児の心の世界が表現されています。「身体を通して経験した価値の世界」と、「絵本や文学を通して獲得した記号で編まれた価値の世界」とをつなげながら、「思考する主体」として発達する子どもの姿があります。とにかく子どもたちの毎日は、このように豊かな物語で満ちあふれているのです。

かけがえのない「自分づくり」

　そんな物語を創り出す過程で、世界と対話する「かけがえのない自分」をつくり上げているのが、乳幼児期を生きる子どもたちです。実は、子どもたちが「心」を発達させていくということは、こうしてそれぞれの子どもが「かけがえのない自分」を形成していくことを意味しているのです。つまり、誕生から6歳までに現れる心の育ちは、乳幼児の「自分づくりの過程」だということです。

　重要なのは、乳幼児に発達する「心」が一定の構造をもって発達していく事実。そしてそうやって発達する「心」の構造に、大きな変化が訪れる「自分づくりのエポック（質の展開を引き起こす画期的な時期）」とでも呼ぶべきときが存在している事実です。おそらくこの「自分づくりのエポック」が典型的に現れるのは、ちょうど子どもたちが3歳を迎えるころでしょう。実際、このころに訪れる「心」の構造の変化に対応し、子どもたちの「自分づくり」の姿にも大きな変化が訪れるのです。

引用文献＝『幼児のつぶやきと成長』（著／亀村五郎　大月書店）

育ちのダイナミズム
～2つの自我世界が織りなすドラマ～

この後、期ごとに解説する乳児～幼児期の「心の育ち」の全体像や流れを説明します。

3歳児の揺れる心 ―自分づくりのエポック期―

『3さいからのおとな。』より
ムラマツエリコ　なかがわみどり 著
大和書房 刊

　3歳児の「心の葛藤」を描いた『3さいからのおとな。』（大和書房）という絵本があります。作者のムラマツエリコさんとなかがわみどりさんが、3歳のころの「記憶の断片」と、親から聞いた「思い出せない部分」とをつなぎ合わせて作った絵本で、発達する3歳児が遭遇する、切なく誇らしい葛藤のドラマが描かれています。

　おみやげのケーキと共にやってきた3人のいとこたちと、ケーキを食べようとした3歳のリーちゃんは、すかさず「イチゴの！」と、イチゴの乗ったケーキを取ろうとします。しかしそんなリーちゃんに「おねえちゃんはちいさい子にえらばせてあげな」という大人の声。5人の子どもに対して、イチゴの乗ったケーキは4つ……。一番大きいリーちゃんは「そうか、とっていいよ」と、小さい子たちに選ばせてあげますが、最後のひとつを取られ、イチゴの乗っていない自分のケーキを見つめてリーちゃんはとうとう泣き出してしまいます。そしてそんなリーちゃんに、「おかしーなー、おねえちゃんなのに」と大人が語りかけたりするものだから、耐えられなくなったリーちゃんは、泣きながら家を飛び出していってしまいました。

　そんな3歳児の切ない心の物語がこの絵本のモチーフになっているのですが、確かに3歳という時期は、こうして「葛藤する自我」を人生で初めて自覚する時期なのかもしれません。そして実は子どもたちが見せるこうした姿に、まさに「2つの自我」の間で揺れる3歳児の「心」のリアルな姿があるのです。本書で解説する乳児～幼児の心の育ちに、この「自我」の育ちが大きくかかわっているわけですが、そのおおまかな流れをここで押さえておきましょう。

自我の誕生・拡大 ―1歳半～3歳ころ―

子どものなかに「自我」が誕生するのは、言葉をしゃべり始める1歳半ころといわれています。これは、自分のなかに育った要求を、「自己主張」として他者に伝えようとする姿の現れなのですが、いずれにしても子どもの「自我」は、まずこうして強烈な「自己主張」を外に向かって表出する形で顕在化していきます（図1）。「ボクモ・ボクモ」「ボクノ・ボクノ」「イヤ」「ジブンデ」と、とにかく自己主張の塊のようにだだをこね、泣いて要求を通そうとする姿が、1～2歳の時期にはどの子にも見られるものです。

図1　自我の誕生・拡大（1歳半～3歳）

ところがこうして表出される「自我」の世界を、親や保育者が丁寧に「受け止めて、切り返す」「受け止めて、意味づけし直す」というかかわりを繰り返すことで、今度はそうやって「切り返され」「意味づけし直された」価値の世界が、「社会的知性」として子どものなかに位置づいていきます（図2）。例えばこうして2歳ころに形成され、3歳ころに子どものなかで明確に自覚されるようになっていく「社会的知性」を、心理学者のアンリ・ワロンは1歳半のころに誕生する「自我」に対して「第二の自我」という言葉で紹介しています。先の絵本でいえば「イチゴのケーキが欲しい」という「自我」に対して、「大きい子は我慢しなければ」という「社会的知性」が「第二の自我」となるわけです。

実は、誕生してから6年の間に子どもたちが「心」を発達させていくということは、この「自我」と「第二の自我」という2つの自我世界を、自分のなかに豊かに育てていくことを意味しているのです。そして、時に矛盾し、反発し合い、時に協力し合いながら共存する2つの自我世界を自分のなかでつなげ、統一する力が、それぞれの子どもの「自分らしさ（個性）」の核心部分となっていきます。

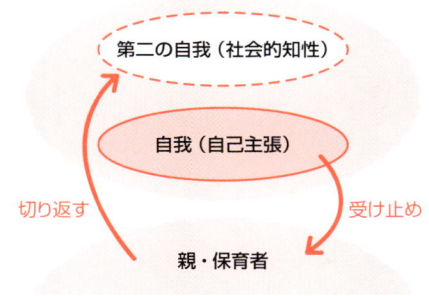

図2　3歳ころに形成される「第二の自我」

2つの自我世界の葛藤 ―3歳～4歳半ころ―

　自分のなかに2つの異なる自我世界が存在することは、小さな子どもにしてみれば、結構やっかいなことでもあります。実際、2つの自我世界を獲得した3歳児は、「第二の自我」という新しい自我世界を獲得してしまったがゆえに、新たな苦悩を抱え込むことになっていきます。

　自己主張する「自我」しか知らなかった1～2歳児のころなら「気楽」に行動できたことも、「第二の自我」と呼ばれる「社会的知性」を獲得してしまったがゆえに、矛盾と葛藤に彩られた3歳児の自我世界を生きることになってしまうわけです。

　容易には統一されない2つの自我世界を抱え込み、矛盾と葛藤を生きる3～4歳前半の子どもの姿は、図3のように描くことができるかもしれません。2つの自我世界がつながらず（点線）、時にイラつき、時に葛藤しながら生きる子どもたち。この段階のややこしさは、「第二の自我」へと優しく誘ってくれる親や保育者との関係が中心だった1～2歳児の生活とは異なり、「自我」と「自我」がぶつかり合う仲間との生活のなかで、2つの自我世界を統一する努力が必要な点にあります。

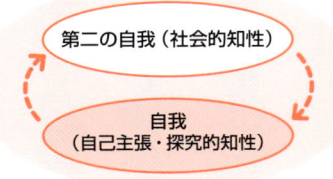

図3　揺れる自我世界（3歳～4歳半）

自我の統一と自己決定 ―4歳半ころ―

　しかしそんな子どもたちも4歳半を過ぎるころ、2つの自我を統一しながら自己決定する人間的能力を獲得するようになっていきます。このような力を「自己内対話能力」と呼んだりしますが、この力を獲得した子どもは、グッと背伸びし、時に凛とした表情を見せ、思考しながら行動を自己決定することができるようになってくるのです（図4）。

　もちろん、その力が自然に子どものものになるわけではありません。乳幼児期の生活のなかで2つの自我世界を豊かに育て、自己内対話能力の獲得へと誘う、確かな保育実践の存在が鍵を握っているのです。特に、乳幼児が育ち合う関係が希薄になった現代社会では、乳幼児の心を育てる営みを、意識的・組織的・計画的に、しかしさりげなく展開する大人のかかわりがとりわけ重要になってきます。

　誤解してはいけませんが、ここでわたしは、乳幼児の心は大人が「教育」することで育つと語っているのではありません。子どもが自ら2つの自我を拡大し、統一しようとする能動的な力こそが、子どもの心を育てる

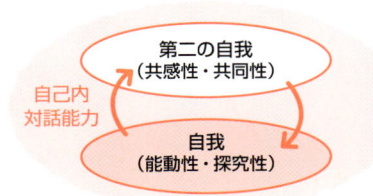

図4　自己内対話能力の獲得（4歳半～）

原動力なのです。そういう意味では、矛盾と葛藤のなかにある3歳児の揺れる自我も、実際には右のように示したほうが正しいのかもしれません（図5）。

つまり、あるときは2歳児以上に強烈な「自我」の塊として、またあるときには「社会的知性」の塊のような存在として、そして時に2つの自我を心地よくつなげながら行動する存在として、時間差で3つの自我世界を生きながら、自分らしい自我のつなげ方をゆるやかに確立しているのが、この時期の子どもたちのように思えるのです。まさに3つの顔をもった子どもたちが、自分らしさを求めて「揺れながら」生きているわけですが、そんな「自分づくり」の闘いを支える「時間」「空間」「関係」を保障する点に、大人の責任があるわけです。

もちろん、自己内対話能力の獲得によって保育の課題が終わるわけではありません。それはまだ、形を獲得しただけの脆弱なものですし、その中身を豊かに発達させていく課題がまだ残っているのです。考えてみたら、「2つの自我世界」と「自己内対話能力」を豊かに育てる営みは、人間が、人間らしく、自分の「人生の物語」を創り出していくために、一生をかけて努力していくことになるのだと思います。

図5　3歳児の揺れる自我

誇らしく自己決定し、明日を創り出す子ども集団 —4歳半〜6歳ころ—

いくら4歳半で「自己内対話能力」を使いながら自己決定する力を身に付けると言っても、それを必要以上に大きく考え、子どもたちに要求することは禁物です。ただし、過小評価することも誤りです。子どもたちが「自己内対話能力」を獲得し、それに基づいて自己決定するのは誇らしいことなのです。そして、そんな「誇らしさ」にこたえるためにも、とりわけ4歳半〜6歳ころの保育実践を「プロジェクト型の協同的活動」として展開することが重要になってきます。

プロジェクト型の協同的活動とは、仲間と価値や目標を共有し、その目標に向かって知恵と力を合わせて「未知の物語」を完成させていく活動といえます。図6はこうした活動のイメージを図にまとめたものですが、仲間と共有する目標や価値を子どもたちが主体的に創り出し、それを実現する道すじを保育者も一緒になって探っていく——そんな対話的な保育実践の創造が課題になります。

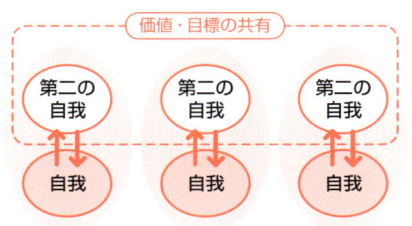

図6　4歳半〜6歳の協同的活動

「対話する保育」とは

もうひとつの大きなテーマである「対話」について、そのとらえ方を解説します。

育ちの道すじを知り、見通しをもつ

　保育者にとって大切なのは、「乳幼児の心の育ちには構造と法則性がある」ことを正しく認識し、その育ちを保障する保育実践を構造的にとらえることです。ただし、だれもが同じ道すじで「心」をはぐくむわけではなく、「自分づくり」の過程で出会う人間関係も、経験する活動の質も、子どもによって異なります。そうした経験の差が、個性的な心（自分）を育てていくわけですから、子どもの発達を図式・機械的に理解し、議論するのは慎重に行わなければなりません。

　しかしそれでも、心の育ちのダイナミズムを図式的に整理すると、子どもの発達に「見通し」をもつことができます。すると、子どもの「現在」の姿を優しく受け止めることができるようになってきます。つまり「大変」に思えるひとつひとつの出来事が、実は子どもが「明日の自分」を創るために格闘している姿だと思えるようになってくるのです。そして子どもたちが挑んでいる「自分づくり」の闘いにおいて、それぞれの段階で保育者が何を大切にしたらよいのかが見えてくるでしょう。

　例えば、先に示した図では、実線と点線とが書き分けてありました。その段階で「子どもがすでに獲得している力」を実線で、「自分のものにしつつある力」を点線で示しているのですが、当然ながら親や保育者は、子どもが自然に表出する実線部分を受け止めながら、点線部分を確かなものにするように支え、働きかけていくことが重要になってきます。つまり、子どもの「現在」を受け止めて、「明日」の子どもの姿へと誘っていく……。そんな働きかけを繰り返しながら、それぞれの子どもが「かけがえのない発達の物語」を創り出していく闘いに寄り添い、協働していく営みのなかに、まさに保育実践の本質があるということなのです。

保育実践を構成する「4つの物語」

　「発達の物語」において重要なのは、子どものなかに形成される心の構造に対応して4種類の物語が創られるということです（P.13参照）。本書の各期の解説も、子どもに保障する生活をこの4種類に分類して説明します。発達段階に応じて発達の特徴と課題が変化するため、期によって表現も変わります。それらは（　）内に示します。

- **心地よい身体の物語**（心地よい身体性と生活文化の物語）
  安定した居場所が保障されたなかで、心地よい身体性と日常性を獲得していく物語
- **探索と探究の物語**（興味と関心の物語／探索の物語）
  周囲の環境や事象に、驚きや不思議心と共に能動的に働きかける探索・探究の物語
- **共感と文化の物語**（愛着と情動の物語／情動と共感の物語／同調と共感の物語）
  保育者に対する安心・信頼の感覚を基礎に、文化に向かって開かれていく共感と文化の物語
- **協同的活動の物語**
  主体性と協同性を響かせながら、未来に向かって協同的な活動を創造していく物語

　「探索と探究の物語」が主に「自我」とかかわり、「共感と文化の物語」が「第二の自我」と関係し、「協同的活動の物語」が「自己内対話能力」と深くかかわっていきますが、すべての物語の基礎に、「心地よい身体の物語」が存在することを忘れてはなりません。特に乳幼児の発達を考えるとき、「生理的要求」とつながって形成されるこの部分の発達が、心の基礎として重要な意味をもちます。

　以上の関係を3層に分類して整理したのが図7です。4つに分類した「発達の物語」に加えて、第二層に「虚構と想像の物語」が登場してきますが、これは2歳児の「見立て・つもりあそび」に始まり、3歳ころに拡大する「ごっこあそび」のなかで象徴的に表れる物語です。頭のなかに「非現実」を描き出し、「未来」と対話する力の基礎となるこの物語は、第二層と第三層とを結び付け、ほかの物語を統合する役割を果たすことになります。

各期の「心の育ちと対話する保育」の解説が、どのテーマに関連しているかを以下のようなアイコンで示します。

- ……心地よい身体の物語
- ……探索と探究の物語
- ……共感と文化の物語
- ……虚構と想像の物語
- ……協同的活動の物語

```
         協同的活動の物語        ・・・第三層
共感と文化   虚構と想像   探索と探求
 の物語      の物語      の物語    ・・・第二層
        心地よい身体の物語        ・・・第一層
```

図7　乳幼児のなかに形成される「発達の物語」

子どもと保育者が共に創る保育実践

　重要なのは、子どもが能動的に世界にかかわろうとしている力に、まずは耳を傾けること。そうやって子どもが自ら「自分づくり」の闘いに挑んでいる姿に、共感的・応答的にかかわることです。本書ではそうした形で子どものなかに生成する活動を尊重し、それを丁寧に「受け止めて、切り返す」関係を、「対話」もしくは「対話的関係」という言葉で表現しています。保育者が子どもに「正しいことを伝達する」実践でもなければ、子どもが勝手に「自分づくり」をしていくわけでもない。子どもたちと保育者が協働し、共に創る保育実践。それがまさに本書で大切にしたい「対話的保育」なのです。もちろん、ここで問題になるのが保育者の対話能力です。

　なんといっても「対話する保育」は、子どもの思いを受け止める保育者の対話能力の差が、そのまま実践の質の差となって現れてくるのですから。そして、保育者の対話能力を確かにするために必要になってくるのが、保育実践の記録です。

「実践記録」は、対話する保育の必要条件

　「対話する保育」は、子どもの声を聴き取ることから出発します。そして、聴き取った子どもの声と、その声に応答した保育者の声を記録することが、「対話する保育」の必要条件となります。

　ただしそこで書かれる記録は、どんなものでもよいわけではありません。「対話する保育」は子どもの要求を起点に、その要求を発展させる保育です。まず子どもの要求を記録すること。そしてその要求を発展させる過程で子どものなかに生じる「心のドラマ」（子どもたちがおもしろがっていることなど）を、「事実」として記録すること。これが、実践を通して子どものなかに「発達のドラマ」を創り出す保育実践の前提条件になってくるのです。

　そんな子どもの「心のドラマ」を記録するポイントは次の3つです。

①まずは、保育のなかで保育者が「おもしろい」「不思議だな」と感じた事実を記録する。「事実」とは、子どもの言葉・しぐさ・表情・行動と、保育者の言葉・感情・行動。これらを劇のシナリオのように書いていく。
②次に、記録にタイトルをつける。書かれた事実に名前をつけることで、実践の意味づけが可能になる。
③最後に、保育者の感想を書き添える。ここで下手に「考察」しないことが重要。保育は一話完結ではない。課題を残した記録が、対話の余地を広げる。

　わたしは、このような記録に「シナリオ型実践記録」と名前をつけています。本書の「対話する保育実践」で紹介している実践記録のなかにも、このシナリオ型の記録がありますが、書いてみるとこれがおもしろいのです。シナリオのように書くと、子どもの言葉をそのまま書く必要が出てきます。すると保育者のなかに子どもの言葉に耳を傾ける習慣が育ってくるため、子どもに語りかける言葉が減り、子どもの言葉に共感する余裕が出てきます。そして結果的に、保育者のまなざしではなく、子どもの側から実践が見えるようになってくるのです。

　子どもには子どもの物語があり、保育者には保育者の物語があります。そしてその2つの物語が絡み合うところに、実践のドラマが創られていきます。実践記録は、そこで創り出される物語に確かな質を保障する手段として機能すると同時に、そこで展開された実践の質を証明する唯一の証拠になっていくのです。

　さてそれでは、「心の発達の理論」と、「対話する保育実践」とが織りなす物語を、発達の道すじにしたがって見ていくことにしましょう。

乳児期のあらすじと特徴

自我の芽が「要求」の形で膨らむ時期

　誕生したばかりの新生児にも「心」はあるのかと問われれば、おそらく躊躇することなく「存在する」と答えるでしょう。実際、おなかが空いて泣いて訴えるのも「心」の表れですし、興味あるものに手を出すのも、抱っこを求めて甘えてくるのも、すべて乳児の「心」がなせる業。子どもたちは誕生と共に「心」を駆使しながら生活し、その過程で自らの「心」を発達させているのです。

　ただし乳児は、そうやって自ら機能させているはずの「心」の存在を自覚し、操作しながら生きることができません。つまり、自分のなかに確かに「要求」が存在するものの、「要求している自分」に気づくことができない段階なのです。

　実は、1歳半ころに誕生する「自我」の世界は、こうして無自覚に表出していた乳児期の要求を、自覚的・意識的に表現した世界にほかなりません。そういう意味で乳児期とは、幼児期に誕生する「自我」と「第二の自我」の芽が、「要求」の形で大きく膨らみつつある時期と考えることができます。

乳児期に育つ要求を知る4つの視点

　乳児期に育つ要求には構造があり、その要求の発達過程に対応して、子どもたちに保障する生活や活動にも一定の構造があります。それを理解するため、4つの基本的視点を解説します。P.16の図も参照してください。

1. 要求世界を構成する3つの要求

　新生児の間は、食欲・睡眠欲といった「**生理的要求**」を基本に生活が展開しますが、睡眠と覚せいのリズムが安定してくる2か月前後、急に目覚めたように、周囲に広がる人やモノに対して能動的に働きかけるようになっていきます。「2か月革命」と呼ばれるこの時期は、「**探索・探究要求**」と「**同調・共感要求**」の2つの要求を開花させていきます。この場合、前者が子どもの内側に育った「興味・関心」を外に向かって表出することで形成されていくのに対して、後者は大人からの積極的な働きかけや愛情を受ける形で形成されていく点に特徴があります。またこの2つは、首がすわり、五感の機能が充実してくる身体的発達と深くかかわりながら発達すると考えられます。

　さらに忘れてならないのが、乳児期の発達を規定する「生理的要求」の成長です。睡眠と覚せいのリズムの安定、離乳食から一般食への移行を中心に、「心地よさ」を求める主体へと育っていくことは、すべての活動の基礎となるのです。

2. 順序性をもちながら育つ2つの要求

　乳児前期に「生理的要求」から分化して誕生した「探索・探究要求」と「同調・共感要求」は、それぞれある順序に沿って拡大し、一定の時期に転換期を迎えます。

　例えば乳児前期には、五感を使って周囲の世界に興味・関心を広げ、手を伸ばし、寝返りをし、自ら身体を変化させます（**五感的要求**）。こうして「**自由な身体**」を獲得した子どもは、中期には「探索活動」を繰り返すようになっていきます（**探索要求**）。

乳児期のあらすじと特徴

　これに対して、乳児中期と乳児後期の境目で劇的な変化が現れるのが「同調・共感要求」。乳児前期に親や保育者との多様なかかわりを経験した子どもは、抱っこされ、話しかけられ、あやされる心地よさを体得します（**情動的要求**）。そして6か月ころには、両手を突き出しながらコミュニケーションを求めるようになってくるのです（**情動的交流要求**）。大切なのは、子どものほうからコミュニケーション（交流）を求めてくる乳児中期に、あそびや歌など「あやし文化」を間に挟んで大人がかかわること。それによって特定の大人との間に安心と信頼の感覚（**基本的信頼感**）を獲得し、乳児後期には「同調・共感要求」として花開いていくのです。

3. 10か月ころに誕生する新しい人間的能力

　最初は別々に育ってきた「探索・探究要求」と「同調・共感要求」は、10か月ころを境に子どもの内部でつながり、新しい人間的能力を生み出していきます。一般に「**三項関係の成立**」という言葉で説明されますが、「モノ」に対して能動的に働きかけながら拡大した「探索・探究要求」と、特定の「人」との間で獲得した「同調・共感要求」とが共に大きく拡大し重なり合った部分が、子どもの内側で化学反応を起こすかのように誕生してくるのです。

　この「三項関係」の獲得が、自分のなかにバラバラに形成され・拡大する多様な能力をひとつに統合しながら自己決定する、アイデンティティーの基礎、つまり人間の「心」の中核部分を構成することになっていきます。

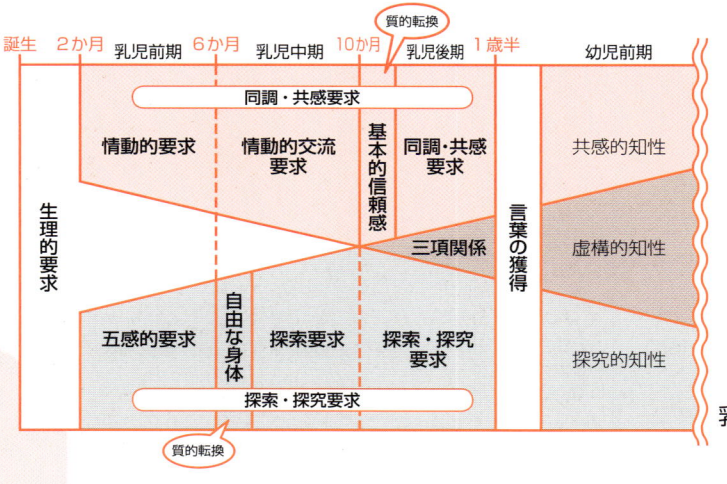

乳児期にみる要求の発達過程

4. 乳児期に育つ「発達の物語」

　ここまで、乳児期に形成される要求や能力の育ちの道すじを分類して整理しましたが、乳児がモノとだけ、人とだけかかわるということはなく、実際の生活は多様な経験が混じり合って展開されていくものです。しかしそれでも、P.13に示したように、子どものなかに形成される4種類の要求・能力に対応する形で、「発達の物語」が形成されていくことは確かです（P.17、25、33の図参照）。

　子どものなかに生成する要求を「受け止めて、切り返す」対話的な関係を創造する過程で、ひとりひとりに「かけがえのない発達の物語」を創り出すことに、対話する乳児保育の課題があるのです。

　ここでは、乳児期を、その要求世界に変化が現れる時期を目安に右の3期に分けました。次ページより、各期における子どもの心の育ちや対話する保育について、具体的に解説していきます。

① 乳児前期（2か月～6か月）→ P. **17** ～
② 乳児中期（6か月～10か月）→ P. **25** ～
③ 乳児後期（10か月～1歳半）→ P. **33** ～

乳児前期
2か月〜6か月

乳児前期の育ちの特徴と保育のポイント

心地よさ、おもしろさ、幸福感いっぱいの世界へ

睡眠・空腹といった「生理的要求」を中心に生きていた新生児たちが、「反射」と「情動」という2つの機能を開花させる形で「五感的要求」と「情動的要求」とを育てていきます。そしてこの生理的要求・五感的要求・情動的要求を、「受け止めて、切り返す」かかわりを繰り返す過程で、「心地よい身体の物語（心地よさ）」「興味と関心の物語（おもしろさ）」「愛着と情動の物語（幸福感）」という3つの物語に誘っていく点に、対話する乳児前期の保育実践のポイントがあります。

その際、「標準」の発達課題を押し付けることも、子どもに任せることも禁物です。言葉にならない子どもの願いと対話する、保育者の対話的実践力がすべての鍵を握ります。

愛着と情動
の物語
情動的要求

興味と関心
の物語
五感的要求

心地よい身体の物語
生理的要求

 心地よい身体の物語　生理的要求

心地よさの原体験としての「快・不快」

生命維持のために機能している「生理的要求」ですが、睡眠・ほ乳・皮膚感覚を中心として、心地よさ（快）と心地悪さ（不快）の感覚が対をなす形で形成されていく点に、乳児前期の特徴があります。「快」はさらに心地よい世界に、「不快」には「快」を対置していく点に、かかわり方のポイントがあります。

 心の育ちと対話する保育

心地よく眠る（睡眠―覚せい）

生後3か月を過ぎるころ、睡眠中に成長ホルモンが分泌されるようになるといわれ、そのためにも静かに眠る空間の保障が大切です。ただし4か月を過ぎるころには、昼夜を区別する体内時計が育ってきます。安定した睡眠を保障しつつ、目覚めたときの活動の充実を図り、睡眠と覚せいの心地よいリズムを獲得させることがポイントです。

心地よくミルクを飲む（空腹―満腹）

新生児の段階から能動的に表現するのが空腹要求です。泣きながら空腹を訴える赤ちゃんにタイミングよく授乳することで、「空腹（不快）―満腹（快）」といった対の感覚が「心地よさ」として育っていくのです。しかし、子どもの「泣き」につきあうだけでは、空腹と満腹のギャップが少なく、心地よい対の感覚は育ちません。ほかのおもしろさに誘いながら、たっぷりミルクが飲める環境を作っていくのも保育者の仕事です。

不快な皮膚感覚を心地よい感覚に（排せつ―清潔）

おむつがぬれたときに生じる皮膚感覚の不快も、新生児期から表現する要求です。紙おむつの場合、この不快を感じにくくなり泣く回数も減りますが、不快を訴えるタイミングに適切にこたえる努力を意識的にする必要があります。また、おむつ換えで足や身体が自由になったときを、あやしあそびでかかわる機会としましょう。清潔になる心地よさを知らせるだけでなく、不快の要求を表現した後に幸福な感覚がやってくることを学ぶチャンスでもあるのです。

乳児前期 **2**か月〜**6**か月

興味と関心の物語　五感的要求

目と手の協応関係が自由をひらく

「五感」の発達にけん引されるように、周囲の世界に興味と関心が広がっていく乳児前期。このとき特に大切なのが視覚と聴覚ですが、生後4か月ころに目と手の協応関係が成立し始めると同時に要求を明確に自覚するようになり、生後6か月を過ぎるころには寝返りし、身体移動する力を獲得していきます。

心の育ちと対話する保育

● 協応能力が世界を変える

生後2か月を過ぎるころから、一点を注視しながら「アー、アー」と語りかけるようになってきます。情報を入力する視覚の力と、要求を出力する発声の力という異質な能力が大脳でつながったあかしで、協応能力の誕生です。
そして、生後4か月を過ぎるころには目と手の協応関係が成立するようになるため、積極的に興味あるものに手を伸ばし、それを手に入れようと必死になります。

● ふれて、見つめて、手を伸ばすおもちゃの力

協応関係の成立を促し、その能力を引き出す営みに欠かせないのが、ガラガラやオルゴールメリーなどの玩具・遊具です。触ったり振ったりして音を楽しむおもちゃや、追視を楽しむおもちゃが、子どもの興味・関心を引き出します。
ただ、子どもによって興味の示し方は違います。ひとりひとりの要求や反応を試しながら、子どもの内部で生じる微妙な反応の変化に対して共感的・応答的にかかわっていくことが重要です。

● 拡大する要求が、自由な身体をつくり出す

生後6か月を過ぎ、周囲に広がる環境に対する興味・関心が大きくなると、「どうしてもあれを手に入れたい」という要求にけん引されるように全身に力を入れ、寝返りをするようになってきます。自らの身体の限界を克服して「自由に動く身体」を手に入れていくのです。子どもの要求を引き出し、支え、共感的に励ますかかわりのなかで、「興味と関心の物語（おもしろさ）」がつくられていきます。

19

 **興味と関心の物語 五感的要求** 目と手の協応関係が自由をひらく

保育現場から

五感を刺激するおもちゃ

色や形、動き、音で視聴覚を刺激し、思わずふれたくなる手作りのつり玩具です。

● キューブ型

作り方

❶ 牛乳パックの底部を高さ約10cmに切った物を2つ用意し、一方の中に大豆や小豆、鈴などを入れる。

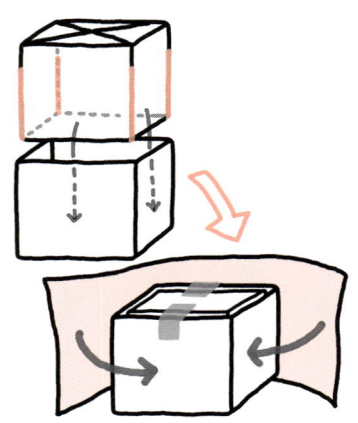

❷ もう一方の箱の四隅に切り込みを入れ、❶に差し込む。上をテープで留め、周囲に布を巻き付けてはる。

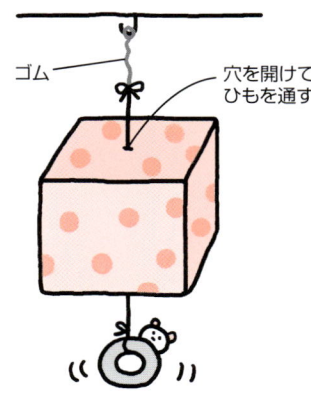

❸ ひもを通して、上には15cmほどのゴムを結び、下には握り玩具を付ける。

● キャンディ型

作り方

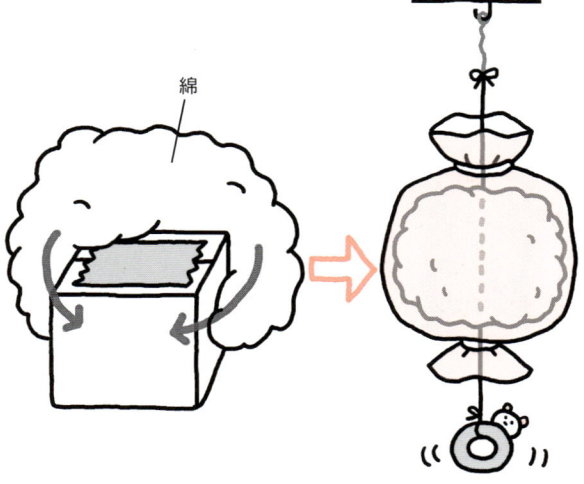

牛乳パックの底部を切り取り、中に鈴などを入れる。上部をふたをするように留めて周囲を綿で覆った上から布で包み、上下を絞って縫い付ける。

子どもが引っ張ると、ほどよい動きと音が出る。

Point

まだ寝た姿勢の多いこの時期には、ベッドのさくやカーテンレールなどに付け、子どもが手を伸ばしてふれられるつり玩具が、とてもよい刺激になる。市販の物でも、乳児にとって安全な素材、優しい手触り、色、音などの工夫された良質のおもちゃがあるので、よい物を選んで提供したい。

乳児前期 **2**か月〜**6**か月

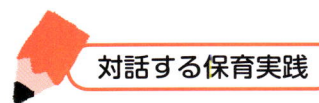 対話する保育実践

モノへの要求が、自由に動く身体をつくり出す

モノへの要求はあるものの、なかなか身体が自由に動かない乳児前期の子どもが、身体移動の自由を獲得していく過程に寄り添った実践の記録です。

6月29日（5か月）「取りたいよー！」

腹ばいのハヤトの前におもちゃを置くと、表情がキラリ。うれしそうに足をピョコピョコ動かして、「あれ、欲しい」と身体で訴える。気持ちは前に行くのだが、手を伸ばしてもおもちゃには届かず、悔しそうに「ウーン、ウーン」とうなり声を上げている。この「取りたい」という思いを、ずりばいの力につなげていけそうな気がした。

8月5日（6か月）「取りたーい！」

腹ばい姿勢のハヤトの手前におもちゃを置いてみると、「取りたーい」と言わんばかりに飛行機のように両手を広げ、足をバタバタしている。まだ前進することができないので、しばらくすると「ウーン、ウーン」と悔しそうな声を上げる。ハヤトの足の裏に手を当て、キックしたときに前に出ることができるように補助しつつ、「ハヤト、よいしょ、頑張れ！」と励ますが、途中であきらめたように指を吸って、床にベタっとなる。しばらくすると、また顔を上げて頑張ったり……。今は、「取りたーい、でも取れなーい」という葛藤の時期なのだろうな。

8月18日（6か月）「前へ、前へ」

腹ばいであそんでいるハヤトの前にこまを置くと、獲物を見つけたライオンのように目がこまにくぎ付け。まだきれいなずりばいではないが、ただ「ウーン」となってばかりの、今までのハヤトとは違い、「自分で取るぞ！」「自分で取れる！」という思いが伝わってくるような踏ん張り方だった。

途中で、タケシ（7か月）が同じこまを持ってあそび始める姿を、「ぼくも欲しい！」といった表情で見つめていた。その後、ずりばいでなんとか前進し、こまを手に入れたハヤト。手で持つと、なめたり、床にトントンと打ち付けたりしてあそんでいた。

あそびながら、「これ、楽しいよ」と保育者に視線を向けるという行動はまだ出てこない。

> この1週間後の記録には、ずりばいでの移動距離がぐんと増してきたハヤト君の姿が書かれています。移動の自由を獲得するにつれて、保育者の「体操しようよ」といった誘いかけを拒否して、おもちゃの方に向かっていく様子も見られたそうです。要求が子どもを変え、新たに獲得した力が子どもの行動を変えていく。そんな形で進んでいく乳児前期から乳児中期の子どもの姿は、おもしろいことに向かって一直線で進んでいく、そんなドラマに満ちているのです。

愛着と情動の物語　情動的要求

かかわられる心地よさが生み出す愛着

抱っこされ、話しかけられ、あやされる経験を繰り返すうちに、他者にかかわられ、あやされる心地よさを学習していきます。特に、授乳・おむつ交換・入眠のときに、抱っこされあやされる経験は重要で、生後4か月ころには親や保育者を見ると「おはしゃぎ反応」をするようになり、6か月ころには自分から抱っこを要求するようになってきます。

心の育ちと対話する保育

日常のかかわりが愛着の基礎をつくり出す

授乳・おむつ交換・入眠といった日常的な生活でのかかわりのなか、ゆったりした時間の流れが、大人との愛着関係の基礎をつくります。
保育者には、イライラや焦りは禁物。ゆったりと子どもとかかわる余裕をつくり出す努力が求められます。子どもが安定し、心地よさを感じる場面を個別に探っていくかかわりが重要です。

社会的微笑が育てるコミュニケーションの喜び

3か月ころには、あやしかけると笑い返すようになってきます。この「社会的微笑」と呼ばれる反応が出てくると、かわいさも増してきます。あやしあそびなど、一対一で笑顔を引き出すコミュニケーションを実践していきましょう。
ただし、社会的微笑の現れ方や反応の仕方はひとりひとり違います。笑顔が出るとかわいさが増す分、反応のよい子とかかわる時間が長くなりがちですが、社会的微笑の弱い子どもとの関係を工夫することが、保育のなかではとても大切です。

歌やあそびが生み出す心地よい時間と関係

首がしっかりとすわってくる3～4か月。発声はしっかりしてきて、大人の表情をじっと見つめる力がついてきた子どもたちは、保育者が繰り返し行うあやしあそびや歌によって心を安定させていきます。模倣したり、一緒にあそんだりするのはまだ後のことですが、ゆったりしたメロディーにのって繰り返される音声が、心地よさの原体験となっていくのです。

乳児前期 **2**か月〜**6**か月

保育現場から

繰り返しが心地よい歌

わらべうたのゆったりしたメロディーにのせてあやし、子どもの笑顔を引き出しましょう。

● **ジージーバー**　大人が布を持ち、子どもと向かい合ってあそぶ。
　　　　　　　　　おすわり前の場合、寝転がった子どもの目線に入るような位置で行う。

① ♪ジージー　　　② ♪バー　　　　　③ ♪チリン ポロント　　　④ ♪トンデッター！

大人の顔を布で隠す。　布を取って、子どもと目線を合わせる。　布を左右に動かす。　布を子どもの顔にかけ、子どもが布を取って「ばあー」。取れない場合は、「ばあー」と言いながら大人が取る。
　　　　　　　　　　　※①②を繰り返す。

● **ちゅちゅ こっこ**　子どもと向かい合って座り、大人が布を持ち、動かしながらあそぶ。

① ♪ちゅちゅ〜とまらにゃ　　② ♪とんでけー！

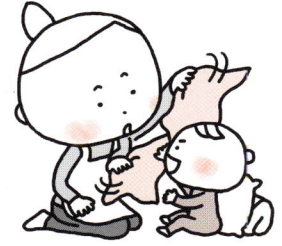 

布をゆったりしたテンポで上下に動かす。この部分は、子どもの表情を見ながら、満足するまで何度も繰り返す。

布を放り投げる。

Point

子どもの表情を見ながら笑顔でゆったりと優しく歌う。間も大切に。いずれも布を使ったあそびだが、3〜4か月の子どもには、布を使わずに、抱っこでゆっくり揺らしながら歌い、優しいメロディーの繰り返しを楽しむだけでもよい。

ジージーバー　わらべうた

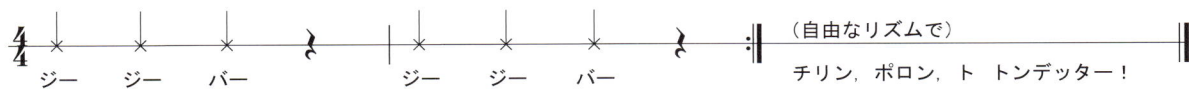

ちゅちゅ こっこ　わらべうた

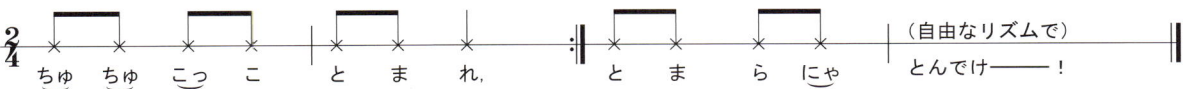

対話する保育実践

保育者と保護者との対話が、保育を豊かにする

まだ自由に身体を動かすことのできない乳児前期の子どもですが、その生活は小さなドラマの連続です。そんな子どもの姿を連絡ノートによって保護者と共有することは、乳児保育にとって大きな意味をもちます。以下は、保護者と保育者との協働で、子どもの「発達のドラマ」を伝え合った実践の一部です。

家から

5月27日（2か月4日）
目が覚めると、一生懸命いろいろな物に向かって話しかけています。「ブンブンブン」や「アイアイ」を歌いながらあそぶと、声を出して喜んでいます。

5月29日（2か月6日）
指しゃぶり（？）が上手になってきました。最初はなかなか上手に指を入れることができず、げんこつを口に入れたり、鼻やほおに指を持っていったりで、なかなか口の中に入れることができなかったのですが、今日はスムーズに口に入れることができました。

園から

5月31日（2か月8日）
壁面を見ながらニコニコ。何に見えるかなと保育者も一緒になって首を傾けてマコちゃんの顔を見ると、この上なくうれしそうな表情なので、こちらまで笑ってしまいます。

6月8日（2か月16日）
みんなが外気浴をしているときに目を覚まし、「ミルク！ おなかがペコペコだ」と大泣きしました。ミルクを飲み終わると、担当保育者と2人でお話。大きな声が出ます。その後は、つりおもちゃのブタさんを見てニコニコ顔。2時間近く、しっかりあそびました。

家から

6月18日（2か月26日）
朝は機嫌よく目覚め、1人であそんでいますが、園から帰って1人にしておくと甘え泣きすることが多くなってきました。泣き方も少しずつ変わってきたようで、甘えるときは、ほかの泣き方とは明らかに違うようになってきました。

園から

6月18日（2か月26日）
本当に甘えて泣くようになってきましたね。甘えというか、「あそんでほしいの」と訴えるようになってきました。成長のひとつですね。

家から

6月19日（2か月27日）
家にあるつりおもちゃに、一生懸命話しかけています。止まると怒ったような声を出します。「アーア」と言っていたかと思うと「エーエ」「オーオ」といろいろな表情の声を出すようになってきました。

保育者は1人だけを見ているのではないので、このようなやり取りを続けていくのは、結構大変なことです。しかし書いてみるとわかりますが、上記のように、「泣き方」の違いや変化に注目するようになったり、子どもの発する喃語にそれぞれ違った意味があると気づいたり、記録することで子どもが見えるようになってくるものなのです。子どもの内面に共感しないと記録になりません。書くことによって、発達が見えるようになり、子どものなかの「発達の物語」が見えてくると、子どもがかわいくなってくるのです。保護者に理屈で説明するより、保育をわかり合うために、とても効果的な実践です。

乳児中期
6か月〜10か月

乳児中期の育ちの特徴と保育のポイント

3つの要求を、それぞれ豊かに太らせる

乳児前期に形成された生理的要求・五感的要求・情動的要求の3つの要求を、それぞれ豊かに太らせるのが乳児中期の特徴です。食の自立に向かって離乳食と向き合い、はいはいで世界を探索し、大人との間に「基本的信頼感」を形成し、3種類の要求世界をそれぞれ大きく拡大させていくのです。

大切なのは、この時期に形成する「探索の物語」と「情動と共感の物語」が大きく育っていく過程で、モノと他者と自分をつなげる「三項関係」がゆっくりと育っていく点にあります。そして、生後10か月ころに現れるこの「三項関係」が、やがて心の核心部分になっていくのです。

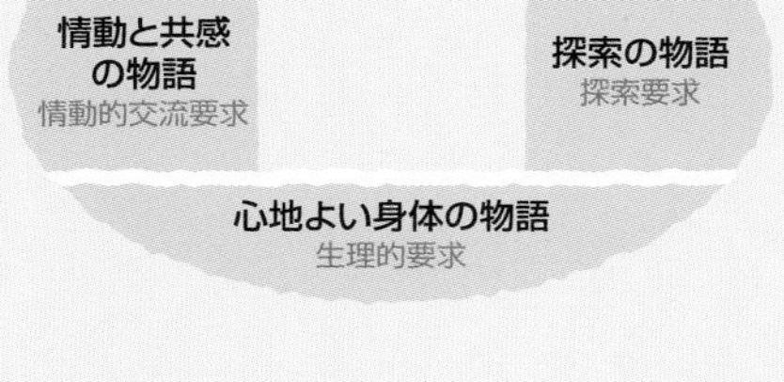

情動と共感の物語
情動的交流要求

探索の物語
探索要求

心地よい身体の物語
生理的要求

心地よい身体の物語　生理的要求

心地よい身体感覚 VS 生活リズム・生活文化

自分の「生理的要求」に従って活動してきた乳児前期に対して、大人が準備した生活リズムや生活文化に、「生理的・身体的要求」を調整することが求められるようになるのが乳児中期です。身体の心地よさを自然な営みで調整していくことは困難ですが、根気よく新たな生活文化へと誘うかかわりが重要になります。

心の育ちと対話する保育

目覚めたときを豊かに過ごす工夫を

昼夜の区別がはっきりし始め、午前・午後・夕方と3回の昼寝が安定してくるのがこの時期です。ただし集団保育の場では、ひとりひとりのリズムが違うため、個別の睡眠リズムとかかわることが必要になります。
目覚めたときの活動の質が、その子の睡眠リズムの基礎となります。起きているときの生活を充実させることで、より安定した睡眠をつくっていくよう心がけましょう。

離乳食への抵抗に、根気よくつきあって

乳歯が生え始め、離乳が開始される時期です。新しい味覚に対する子どもの抵抗は強く、保育者には根気よいかかわりが求められます。
大切なのは、食への興味を引き出し、自分から進んで食べる意欲を支えるかかわりを、優しい言葉と共に繰り返すことです。ひとりひとりの好みやくせに対話的にかかわる必要があります。

生活リズム安定のカギを握る家庭との協働

子どものなかに生活リズム・生活文化が形成されるのは、集団保育の場だけではありません。家庭での生活と集団保育の生活とが一体となって、子どもの「身体の物語」がつくられていくのです。
ただし、園のつくる生活リズム・文化が正しくて、家庭はそれに合わせるべきだという姿勢では、家庭の協力は得られません。園での子どもの姿を個別に伝えながら、子どものリズムを一緒につくり出していく、協働の姿勢が大切です。

乳児中期 **6**か月〜**10**か月

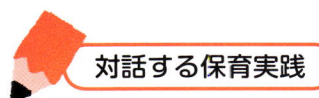 対話する保育実践

「自分で食べたい」という思いを大切に

離乳食は、自分から意欲的に食べてほしい。そんな思いで乳児中期の食事にかかわった保育者の記録です。食に向き合う乳児の「心」と対話する保育実践がここにもあります。

9月14日（7か月半）「自分で食べたい」思いの芽生えを

　食事のとき、自分からお皿に手を出すようになった。おかゆの中に手を入れ、手に付いたご飯を、自分で口の中に入れようとする。
　自分で食べ物に手を伸ばしやすいように、マサトの前に小皿を用意して少しずつ食べ物を入れるが、まだ上手に「つかんで食べる」ことができず、ひっくり返したり、お皿ごと食いついたり……。でも、「ただ食べさせてもらう」ときよりも満足そうに見えた。

10月24日（9か月）「自分で食べている」満足感？

　今日のおやつは最後まで落ち着いて食べることができた。メニューは磯辺マカロニ。1本ずつマカロニを渡すと、それを自分で口に入れて食べようとする。保育者が食べさせるのと、自分で食べるのと、同じくらいの割合でゆっくり食べていた。おかわりとリンゴのすりおろしもすべて食べることができた。「自分で食べている」という満足感がもててよかったのかな？

11月14日（9か月半）「ごちそうさましても食事コーナーにいたいの！」

　半分くらい食べると集中力がなくなるマサト。ほかのグループが食事の準備をするのが気になって後ろを向いたり、食べることを嫌がったりする。食事を切り上げてあそびのコーナーに連れていくが、何度も食事コーナーに戻ってくる。保育者のひざの上に座らせると、ほかの子の食べる様子を見ながら、ときどき食べ物に手を伸ばす。
　食べ物をつかんで口に入れるという動作がまだうまくできないマサトなので、イライラしたり、集中力に欠けたりすることがあるのかもしれない。自分で満足いくまで、じっくりと食事ができるといいな。

11月22日（10か月）「食べさせてー」

　自分で食べてほしいと思い、マサトの前におかずを置くが、手を出さずに「ウーン」「アーッ」と声を出し、「食べさせて」と催促してくる。「自分で持ってごらん」と手に持たせると口に入れる。「上手に食べられたね」と言葉を添えるが、最近は家でも「食べさせて」という要求が増えているという。

> 1人では上手に食べることができない乳児中期の子どもに対して、「自分で食べる」感覚を大切に、辛抱強くかかわった実践です。マカロニに手を伸ばした満足そうな表情に成長を感じながらも、「アーッ」と言いながら甘えてくる姿に戸惑いを感じてしまう保育者の心が、よくわかります。「ジブンデ」という気持ちが発達の姿なら、「甘え」の気持ちも成長の表れなのです。揺れる子どもの心に辛抱強くかかわる姿勢が、子どもを育てます。

 探索の物語　探索要求

自由に動く身体がつくる探索の物語

ずりばいから高ばいへと自由に動き回る力を獲得し、探索範囲を広げていく子どもたち。要求が身体移動の力を引き出し、さらに要求を拡大させていくのです。子どもの不思議心と探究心が、保育室の外にまで広がっていくのが乳児中期でもあります。

心の育ちと対話する保育

はいはいは、自由の獲得過程

周囲に広がる環境に対する興味・関心がさらに増大し、はいはいする力を確かにしていく点に乳児中期の特徴があります。さらなる自由を求めて子どもが格闘する姿は、発達する子どものエネルギーに満ちていて感動的ですらあります。
ただしその過程には個人差があり、はいはいする時期も過程も異なります。はいはいの遅い子どももいますが、はいはいさせることよりも要求を育てることのほうが重要です。子ども自身の意欲と要求が自由な世界を切り開く、この原則を忘れてはなりません。

不思議さとおもしろさを広げる空間の力

はいはいを始めた子どもたちには、安全に配慮しながらも、おもしろさと不思議さに満ちあふれた空間を保障することが大切です。起伏のある斜面や階段、少し隠れることのできる空間が配置されると、子どもの能動性は一気に開花してきます。もちろん、そうやって工夫した空間でも、皆が同じようにおもしろいわけではありません。それぞれの子どもがおもしろがっていることに目を配り、その姿を記録しながら明日の保育室作りに工夫を凝らす、そんな対話的な実践がここでも必要になってくるのです。

充実した保育室の工夫から自然空間へ

保育室が子どものために作られているといっても、はいはいを始めた子どもと歩行の確立した子どもが共存していたり、乳児前期の子どもが一緒にいたりと、実際の保育空間は、理想と遠いところにあるのが現実です。そのためにも充実した保育室の工夫が必要となるわけですが、乳児中期の後半には、保育室の外に広がる自然空間にも、興味・関心を広げていきたいものです。園の条件に合わせた豊かな環境作りを工夫していきましょう。

乳児中期 **6**か月〜**10**か月

保育現場から
はいはいを促す環境
思う存分はいはいができる環境を室内外で工夫します。

●保育室を広く使って

ついたてやテーブルを片付けるなどして床のスペースを広く確保し、十分にはいはいの運動が楽しめるようにする。

おきあがりこぼしなど動きがあったり、音が出たりするおもちゃを少し離れた位置に置いて、はいはいを誘う。

●起伏のあるコースを作って

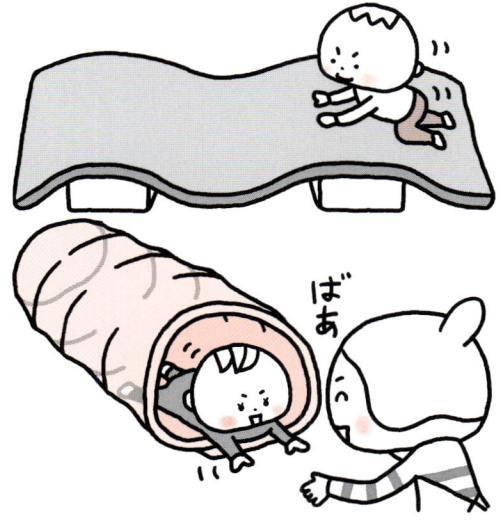

マットや巧技台などで、斜面や起伏を作る。蛇腹状のトンネルや、緩やかな階段・滑り台あそびも楽しい。

●戸外の広い場所で

園庭の一角を乳児用スペースとして、安全を確保したうえで、はいはいや砂あそびを楽しむ。

散歩車で出かけ、広い芝生の上であそぶ。

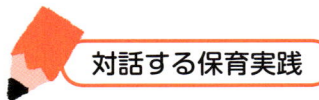 対話する保育実践

「探索の物語」は共感し合う関係のなかで

身体の自由度が高まるにつれ、周囲の世界に能動的に働きかける機会が増えていく。そんな乳児中期の子どもに、共感的にかかわりながら「探索の物語」を創り出した実践です。

5月10日（9か月）「気持ちいいね！」

　モノに向かうときはすごい大きな声を出して、おもちゃで床をたたいたり、なめたりしてあそぶミナコ。「今はモノに向かっているときが、一番楽しいのかな？」と思いつつも、ミナコともっといい関係をつくりたいとも思った。手を持ってグーッと広げる赤ちゃん体操をしていると、とても気持ちよさそう。「ミナコちゃん、気持ちいいねー」と声をかけるとニッコリ笑顔。身体に緊張も見られず、表情も柔らかだった。

5月25日（10か月）「届いたよ！」

　おもちゃを手に入れようと一生懸命になるミナコ。足の指・手・腕を使ってクルクル回ったり、前進しようと腕をグーッと伸ばしたりしていた。今日は、足の指にグーッと力を入れて手を伸ばす。取れなくて、「アーッ」と声を出し、怒る姿もあったけど、あきらめずに手を伸ばし、やっとおもちゃに手が届いた。「ミナコちゃんすごいじゃん！　届いたっけね」と声をかけると、エへと笑って返してくれた。

6月6日（10か月）「前に出たね！」

　先週までは、前に進もうとすればするほど後ろに進んでいたミナコ。目の前におもちゃを置いてみると、ゆっくりではあるが前に進んだ。「すごいじゃん、ミナコちゃん！　おもちゃ、取れたっけね」と笑顔で声をかけると、ミナコもうれしく思ったのか、笑顔でおもちゃを床にたたきつけた。

7月22日（12か月）「はい、どーぞ」

　朝、ままごとコーナーに座り、エプロンとままごと用の布団を出しているミナコ。「おはよう、ミナコちゃん。何してるの？」と声をかけると、ニカッと笑顔を見せる。近くに保育者が来たことがうれしかったよう、エプロンをブンブン振り回して楽しそうな様子。笑って見ていると、今度は持っていたエプロンを渡してくれる。「ありがとう、はいどうぞ」と受け取ってから、また渡す。ミナコはまたニカッと笑って、「ドーゾ」としてくる。

> 乳児中期の子どもは、保育者の共感的かかわりを支えに「探索の物語」を豊かに広げていきます。安心するから挑戦する、そんな実践を意識してつくることが重要です。最初はモノにばかりこだわっていたミナコちゃんが、「おもちゃ、取れたっけね」と共感的に対応してくれる保育者の姿を受け入れ、最後には「ドーゾ」と応答的なあそびができるまで発達していく……。「探索の物語」に共感的にこたえていくかかわりが、三項関係（P.43参照）を育てる実践となっている点が重要です。

乳児中期 6か月〜10か月

情動と共感の物語　情動的交流要求

特定の大人との間に育つ基本的信頼感

6か月ころには親や保育者を積極的に求める「情動的交流要求」と共に生きていた子どもが、10か月ころになると特定の保育者を安心と信頼の対象として認知し、その人との間に「基本的信頼感」を育てていきます。そしてその力を基礎に、大好きな人とモノを共有する「三項関係」を獲得していくのです。

心の育ちと対話する保育

● ふれあいあそびが共感の力を育てる

コミュニケーションを求め始めた子どもとの間に、やり取りやかかわりを楽しむあやしあそび・あそび歌といった「あやし文化」を挟んで、「共感の根っこ」となる心地よさとおもしろさを育てることが重要です。同じ言葉を、同じメロディーやリズムと共に繰り返し経験できるようなふれあいあそびを楽しみましょう。

● 基本的信頼感の獲得と人見知りの誕生

あやし文化を間に挟んだ関係を繰り返し経験しているうちに、子どもたちは特定の大人に対して安心と信頼の感覚をもつようになってきます。これが生後10か月ころに形成される「基本的信頼感」ですが、それを獲得する過程で出てくるのが「人見知り」です。
大好きな保育者を心の拠点に、活動をゆったりと広げていく安定した関係を保障していくことが重要になります。

● 言葉を間に挟んだ対話の関係を豊かに

乳児中期のかかわりのなかでは、言葉にならない子どもの要求を言葉に置き換えながら語りかける、「対話する関係」が大切です。
この段階では、まだ言葉の意味までわかりませんが、自分の思いが受け止められる感覚と、優しい言葉が返ってくるというコミュニケーションの不思議な感覚は、乳児中期の「情動と共感の物語」の原体験として確かに育っていくのです。

 情動と共感の物語 情動的交流要求　特定の大人との間に育つ基本的信頼感

> **保育現場から**

共感の根っこを育てるふれあいあそび

コミュニケーションを求めるようになった子どもと、一対一でのふれあいあそびで、
「共感の根っこ」を育てていきましょう。

● **いちり、にり**　子どもがあおむけに寝て、向かい合わせに保育者が座り、足の指から徐々に上がって触っていく。

① ♪いちり　　② ♪にり　　③ ♪さんり　　④ ♪しりしりしり〜

   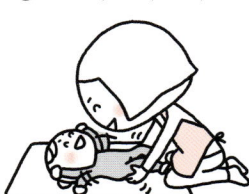

両足の親指をつかむ。　両足首をつかむ。　両足のひざをつかむ。　おしりの両側をくすぐる。ここだけ少しテンポを速める。

● **いけのはた　もーて**　ゆったりしたテンポで行う顔あそび。子どもの顔を指で優しく触っていく。

① ♪いけのはたもーて　　② ♪はなやによって　　③ ♪めめさまめーて　　④ ♪げじげじに　あおて

口の周りに人差し指で円を描くように4回ふれる。　鼻を4回触る。　左目の下を2回、右目の下を2回触る。　左まゆを2回、右まゆを2回、外側に向かってなでる。

⑤ ♪まつのやまへ　のぼって　　⑥ ♪こけひとつ　ぽっん　　⑦ ♪もひとつ　ぽっん

2本の指でおでこから頭へとはい上がる。　動きを止めて、「ぽっん」で左の耳たぶを1回つまむ。　動きを止めて、「ぽっん」で右の耳たぶを1回つまむ。

いけのはた　もーて　わらべうた

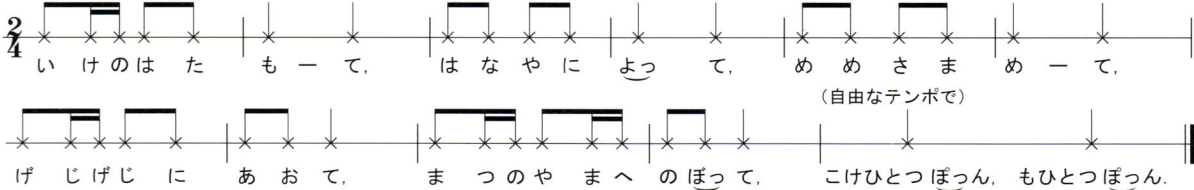

乳児後期 10か月〜1歳半

乳児後期の育ちの特徴と
保育のポイント

三項関係をつくり、言葉を使う主体へ

「探索・探究要求」と「同調・共感要求」が子どものなかでつながって、「共同注視と三項関係の物語」が豊かに形成されていくのが乳児後期です。子どもと保育者との共感の心地よさ、その思いを言葉でつなぎ合う経験が、「言葉を使う主体」へと子どもを成長させていくことになります。この時期の保育のポイントは、共同注視と三項関係をつくり出すかかわりを、意識的に展開していくこと。子どもの思いを受け止め、言葉に置き換えて返していく。そんなかかわりを丁寧にすることが重要です。もちろんそのためには、「探索と探究の物語」と「同調と共感の物語」を豊かにする必要があります。おもしろい世界があるからこそ、大好きな人と価値や思いを共有したくなるのです。

同調と共感の物語	共同注視と三項関係の物語	探索と探究の物語
同調・共感要求		探索・探究要求

心地よい身体の物語
生理的要求

心地よい身体の物語　生理的要求

生活リズム・生活文化を心地よさの身体感覚に

睡眠と覚せいのリズムが安定してきて、午睡も2回寝に移行していきます。目が覚めている時間が充実してきて、眠ることを惜しむようにあそびが充実してきます。新しい生活文化との出合いを、楽しみながら根気よく誘っていくかかわりが重要になります。

心の育ちと対話する保育

離乳食の完成で、食の自立への第一歩を

前歯が生えそろい、奥歯が出始める乳児後期は、1日3回の離乳食で大切な栄養分を摂取できるようになってきます。本格的な食の自立は幼児期の課題ですが、いろいろな味覚を楽しむことも、そしゃくすることもできるようになってきます。しかしながら食べる量や嗜好には個人差があり、理屈通りには進みません。自我が出てくる時期でもあり、無理に食べさせようとすると、嫌がるようにもなってきます。

食への要求を育てることが保育のポイントとなりますが、それと同時に大切にしたいのが、あそぶ時間を充実させ運動量を増やすことで、空腹を感じさせることです。空腹感のないところで食欲を出すのは不可能なのです。

食べさせてもらう喜びから、自分で食べる喜びへ

離乳食後期では、保育者に食べさせてもらっていた生活から、自分で意欲的に食べる生活へと誘っていくことも重要になります。口を開けて待っている食事から、自分の意志で食べる食事への移行です。「手づかみ食べ」を含めて、自分で食べる喜びを感じられるメニューや環境が大切ですが、なんといっても、先輩や仲間の食べる姿を模倣し合えることが、集団保育の利点です。しかしながら、「手づかみ食べ」はさせない家庭が多いなど、離乳食の指導に関しては、家庭と園とのわかり合いが難しい点もあります。食に対する園の姿勢・方針を丁寧に伝え、一緒に学び合い、検討し合う営みが重要になります。

乳児後期 **10**か月～**1**歳半

探索・探究要求 探索と探究の物語

探索する身体から探究する身体へ

歩くようになった子どもたちの行動範囲は大きく広がり、興味・関心の世界はさらに拡大していきます。乳児中期の段階ではモノに引っ張られて「探索」していた感じの子どもたちが、後期には、目的意識をもって「探究」する主体に変わっていきます。

心の育ちと対話する保育

保育室から園庭、そして自然空間へ

つかまり立ちを始めてから歩行の確立に至るまで、乳児後期の子どもたちの活動範囲は大きく拡大していきます。視線が高くなる分、視野に入る世界は立体的になり、これまでふれることができなかった高い場所にも興味は広がっていきます。探索と探究の空間として保育室の環境に工夫を凝らす必要があることは言うまでもありませんが、この時期の子どもたちを小さな部屋に閉じ込めておくことは禁物です。保育室から園庭へ、そして自然の広がる空間へと興味の幅を広げていくことが重要です。

特に乳児後期の子どもたちには、いっぱいの自然空間を保障したいものです。砂も水も虫も草木も、空気も風も空も雲も、変化する自然の素材は子どもの不思議心を刺激し、世界の不思議とおもしろさに子どもたちを誘っていくのです。

探索する主体から、「あそび、探究する主体」へ

この時期の子どもたちは、行動範囲を広げるだけではありません。砂や水といった素材をあそび、おもちゃとあそび、おもしろさを追求する、「あそぶ主体」へと成長していくのが乳児後期の子どもたちなのです。

流れる水をつかもうと必死になったり、型合わせのおもちゃに試行錯誤したり、仲間のあそぶ姿を模倣したりと、とにかく真剣な表情で、マジメにあそぶのが、この時期の特徴です。

大切な点は、あそび、探究する子どもの世界に、共感的な言葉を添えながら対話することです。子どもがおもしろがっている世界に応答的に返される保育者の言葉が、やがて子どもにとって意味ある言葉へと転化していくのです。

探索する身体から探究する身体へ

保育現場から

園庭で探索あそび

安全で自然豊かな園庭は、探索あそびに最適。目に入るあらゆるものに興味を示す子どもたちに共感的な言葉を返し、十分に探索を楽しめるようにしていきましょう。

お水出すよー
ジャー

ピー
ピー

一緒にお山作ろうか

パラパラ

はっぱだー
ひゅー

チョウチョウいたね

興味をもった子どもの表情を見逃さずに、声をかける。

チョウチョー

アリさん！

あっダンゴムシ

乳児後期 **10か月〜1歳半**

同調と共感の物語 　同調・共感要求

模倣と同調が育てる共感の根っこ

10か月ころ「基本的信頼感」を獲得した子どもたちは、信頼の対象として認知した保育者と同じことをしようとします。歌やあそびを模倣する力もついてきて、まてまてあそびや、やり取りあそびへの反応も活発になります。保育者が間に入れば、仲間と同調・共感し合う関係も可能となるのが乳児後期の子どもたちです。

心の育ちと対話する保育

この人がいい、この人じゃないとイヤ！

基本的信頼感が育つ時期の子どもたちは、保育者に序列をつけ、いつも一緒にいたい保育者と、そうでない保育者とを区別します。安心できる保育者を後追いし求めるのに、別の保育者には硬い表情で向き合ったりするのです。
朝、保護者との別れ際に大泣きする子も出てきて、結構扱いの難しい時期でもあります。安心できる保育者を心の拠点にしながら、それ以外の保育者にも心を開くようになる、そんな関係を柔軟に組織する保育者集団の連携が重要になります。

模倣と同調の関係を広げるあそび歌を

「あそび歌」という文化財を間に挟んで関係を豊かにするのが乳児中期なら、保育者との間に作った「信頼感」を基礎におもしろさを広げていくのが乳児後期の特徴です。つまりこの時期の子どもたちは、いつでも、だれとでも楽しくあそぶわけではないのです。
また、それまでの「ふれあいあそび」に加えて、子どもが模倣したくなるような「あそび歌」が大切です。保育者と同じように歌い、同じように手を動かすことを心地よく感じる力が育ってくるのが乳児後期なのです。

同調と共感の物語　同調・共感要求

模倣と同調が育てる共感の根っこ

● 三項関係をつくる保育実践が言葉の世界へ

子どもの興味を共感的に受け止め、言葉を添える営みが、三項関係の育ちにつながっていきます。言葉にならない思い（意味）を受け止め、言葉で応答するうちに、意味と音声がつながってくるのです。

その場合、子どもの隣に座り、目線を共有する（共同注視）姿勢をつくることが大切です。もちろん保育者の語りすぎは禁物。子どものなかにつくられた意味の世界に言葉を添える、そんなゆったりした時間が三項関係の基礎となっていくのです。

お花きれいね〜
アッアッ

保育現場から

まねっこあそび

大好きな保育者のまねっこで、同調・共感関係が広がるあそびです。
子どもの表情、動きを見ながら、ペースを合わせて歌いましょう。

● **ももや**　　歩けるようになった子どもと。向かい合い、歌いながら保育者の動きをまねる。

①♪ももや〜ぬれる

布を持って「振り洗い」するように、左右に動かす。

②♪あ　どっこいしょ

手を腰に当て、腰を伸ばす動作をする。

乳児後期 **10**か月〜**1**歳半

● **こっちのたんぽ**　　向かい合って、子どもの動きに合わせながらゆっくり行う。

① ♪こっちの〜たんぽや

片方の手で、リズムに合わせてひじをたたく。

② ♪こっちの〜たんぽや

反対側のひじをたたく。

③ ♪おつむてんてんや

両手で頭をたたく。

④ ♪カックリカックリ

胸の前で腕をぐるぐる回す。

⑤ ♪バー

いないいないばーをする。

ももや　わらべうた

も　もや　ももや，ながれは　はやい，せん　たく　すれば，きものが　ぬれる，あ　どっこいしょ

こっちのたんぽ　わらべうた

こっちのたんぽ　たんぽや，こっちのたんぽ　たんぽや，お つ むてん てんや，カックリ，カックリ，バー．

🖍 **対話する保育実践**

保育者に序列をつけるミキが心を開くとき

1歳5か月のミキちゃんはもち上がりのエリ先生にべったりで、新しく担任になったマサコ先生には、なかなか心を開いてくれません。そんなミキちゃんとのかかわりを綴った記録です。

4月27日（1歳5カ月） いきなり平手打ち！

今日は、エリ先生はお休み。「さあ外に出よう！」と部屋の隅に集まっていると、ミキがものすごい笑顔で近づいてきた。

保育者：「おはよー、ミキちゃん」

ミキ：わたしの所まで来て、いきなりわたしのほっぺをペチンとたたいた。たたいた後、にやりと笑ったような気がした。

保育者：びっくりして、どうしたらいいのかと考え、「アーン、ミキちゃんがたたいたー。ほっぺ痛いよー」（泣くまねをしてみた）

ミキ：しまった！　という表情で、慌ててギュッと抱きしめてくれる。

4月28日（1歳5か月） 八つ当たり

2台の散歩車で散歩に行って帰ったときのこと。ミキの乗っていないほうの車から子どもを降ろしたが、ミキを降ろしたとき、大泣きしながらいきなりパシッとたたいてきた。

保育者：「ミキちゃん、痛いよー。エリ先生がよかったねー。でも先生だってたたかれたら悲しい！　アップ！」

ミキ：大泣きしながら、またたたく。

保育者：「それ、八つ当たりって言うんだよ！　たたいちゃいや！」

ミキ：まだ泣いている。

> 基本的信頼感が育つ乳児後期は、子どものほうが保育者に序列をつけながらかかわってくる時期です。そんなミキちゃんの気持ちを理解しながらも、安心できる関係をつくろうと試行錯誤する保育者の姿がステキです。特に、「アーン、ミキちゃんがたたいたー」と返したときに見せたミキちゃんの姿は、気持ちの変化を感じさせる1コマになっています。

5月2日（1歳5か月）「アッコ！」

ミキの午睡に寄り添った。ミキはエリ先生を待ちながら、ゴロゴロと寝転がっている。

保育者：「エリ先生、待っててね。ミキちゃん、エリ先生大好きだもんね！」

ミキ：指しゃぶりしながら、うなずく。そして……「アッコ！」

保育者：（「アッコ？」 わたしはマサコ……）
「アッコって言ったのー？（もしかして名前呼んでくれたのかな？ とりあえずお礼を言っておこう）ミキちゃん、先生のお名前、呼んでくれたの？ ありがとう。ミキちゃん」

ミキ：「（ニコッと笑って）アッコ！」

> もちろん、この「アッコ」が「マサコ」かどうか、真偽のほどはわかりません。しかしながらそれがたとえ過剰解釈であっても、たいした問題ではないのです。共感を求める空気が、おそらくこれまで体験したことのない心地よいものだったのでしょう。
> 保育者の視点から書かれた一方的記録ではなく、ミキちゃんの視点からも記録が書かれていることで、ミキちゃんの内面の変化を読み取ることが可能になった実践記録です。

> 対話する保育実践

子どもの興味に寄り添い、三項関係を豊かに！

オタマジャクシを飼育したクラスで、1歳前半のユカちゃんと共感の世界をつくり出す実践の記録です。子どもの興味に言葉を添えて、三項関係に誘う実践とは……。

6月6日（1歳3か月）「オタマジャクシって、なんだろう？」

保育者：ユカをテラスに呼び、水槽のフタを開けながら「これはねー、オタマジャクシだよ。いっぱい泳いでるね」とユカに語った。

ユカ：顔を近づけ、無言のままだった。しばらくすると、水槽を押さえて左右にガタガタ揺らし、水槽の中に手を入れて触ろうとした。

保育者：（アッ、汚い！　ばい菌がつく！）と思い、すかさず止める。

ユカ：手を止められ、再び見ていたが、イヤになったのか、ほかの場所に行ってしまった。

7月7日（1歳4か月）「オタマジャクシは、メンメ！」

オタマジャクシに脚が生えてきたので、ユカに見せた。

保育者：「オタマジャクシさんに、脚が生えてきたよ！」

ユカ：水槽をのぞき込みながら、「メン、メンメー」と言い出した。

> オー！　オタマジャクシのことを「メンメ」と言った。保育園で虫のことを「メンメ」って言うから、オタマジャクシを生き物だと思ったんだ。脚が生えたことは気づいたかな？　よし、もっと近くで見せてあげよう！

実はこのとき、オタマジャクシに脚が生えてきたことがうれしかったのは、この保育者自身だったのです。その喜びを共有する相手がユカちゃんだったわけですが、それが逆に、わざとらしくない自然な関係を生み出しているのです。
子どもの反応は毎回異なりますが、一緒に対象物を共有する「共同注視」の関係を繰り返すことが、やがて子どもに大きな変化を生み出すことにつながる点が重要です。

乳児後期 **10**か月〜**1**歳半

7月28日（1歳4か月）「オタマジャクシってカエルだったんだ」

オタマジャクシがカエルになった。うれしかったので、ルンルン気分でユカに見せた。

保育者：「オタマジャクシさんがカエルになったよ！ ケロケロガエルだよ！」

ユカ：カエルを見ながら指をさし、「アエ、アエ、アエ」と言った。

> 今の「アエ」は「カエル」と言おうとしたんだ！ スゴイ！ 「アエ」って言った。うれしい！

子どもと目線を共有し、言葉で共感し合うかかわりを意識的につくり出す過程で、ユカちゃんがカエルのことを「アエ」と呼ぶ、記念すべき瞬間に立ち会うことができた実践です。
実はこの1週間後に、ユカちゃんは「アエ」から「カエ」に呼び方を変えるようになっていくのですが、乳児後期の保育のなかで、こうした形で丁寧に三項関係を作る実践を、ついサボってしまうことがあるのです。共感すべき対象と、ゆったり流れる時間の存在が決定的に重要な意味をもっているといえるでしょう。

Point

二項関係から三項関係の成立へ

生後10か月ころまでの子どもたちは、モノをおもしろいと思えばモノにこだわり、大好きな人に甘えたくなると、今度はその人にこだわりながら活動していきます。それはすべて、子どもたちが1種類の要求しか自分のなかで処理できないことに起因しています。つまりこの段階ではまだ、子どもとモノ、子どもと人の関係が一対一で構成される二項関係に留まっているということなのです。
これが10か月を越えるようになると、モノに対する要求を大好きな人に伝えるように、指差しをしながらコミュニケーションをとるようになってきます。こうして子どもとモノと他者（親や保育者）とがつながっていくことを、三項関係の成立といいます。興味・関心を共有することから、共同注視・共同注意という概念と共に説明されることもあります。

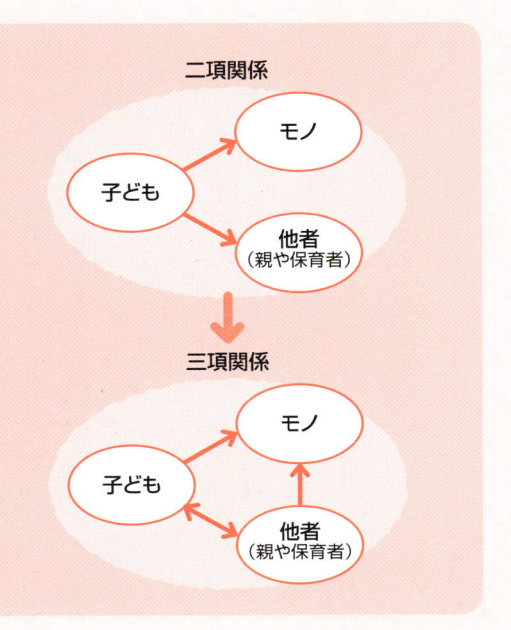

43

幼児期のあらすじと特徴

乳児と幼児の間

　乳児と幼児の境目をどう設定するかについてはさまざまな考え方がありますが、本書では、次の３つができるようになると、子どもが幼児の仲間入りをしたと考えます。

①離乳の完成
　最初に幼児を特徴づけるのは、文字通り母乳（ミルク）からの自立。この過程で子どもたちは、精神的な自立の基礎をつくり出しているといえます。

②歩行の確立
　身体的な自立を指します。重い大脳を２本足でしっかり支え、手足の自由を獲得することは、人間として生きていくための大きな力となります。自由になった手足を駆使して世界を探索・探究し、他者と協同・共感する力を確かなものにしていきます。

③言葉の獲得
　乳児後期に「三項関係」を確かなものにしていく過程で、言葉を獲得していきます。これによって、子どもは言葉を使ったコミュニケーションができるようになるだけでなく、思考しながら自己決定する主体として活動を始めるようになっていきます。

　つまり幼児期とは、この３つのアイテムを使いながら、子どもたちが「思考する主体」として発達していく時期でもあるのです。

幼児期の心が育つ３つの段階

　幼児が「思考する主体」として成長する過程を、この本では幼児が「心」を発達させていく過程と位置づけていますが、それは別の言い方をすれば「自我」の発達過程ということになります。とりわけ幼児期は、

・「自我（自己主張）」
・「第二の自我（社会的知性）」

という２つの自我世界を大きく育て、その過程でこの２つをつなげる力を獲得する時期です。その力を「自己内対話能力」と呼んだりしますが、この力を獲得していく過程が、人間として生きていくための「心」の構造を獲得していく過程にほかならないのです。P.47からは、この「自我」の発達過程を、以下の３つの段階に期を分けて解説していきます。

①幼児前期（１歳半～３歳）
　誕生した「自我」が拡大する過程で、「第二の自我」が形成される時期

②幼児中期（３歳～４歳半）
　２つの自我の間に生じる矛盾・葛藤を経験する過程で、「自己内対話能力」を獲得していく時期

③幼児後期（４歳半～６歳）
　「自己内対話能力」を基礎に、仲間と共に協同的活動を発展させる時期

3つに分類した「心」の発達段階は、子どもが「心」の構造を獲得していく過程を表現しているのですが、こうした「心」のダイナミックな発達を支えているのが、幼児期に発達する3つの知性であり、その知性と共に創り出される「発達の物語」です。

心の発達を支える3つの知性

図はこの時期に発達する知性の構造を整理したもので、乳児期に形成された「探索・探究要求」が**探究的知性**に、「同調・共感要求」が**共感的知性**に、そして乳児後期に形成された「三項関係」が**虚構的知性**に発展している点が特徴です。P.16の図と合わせて見ると、よりつながりがわかりやすいでしょう。

3つの知性のうち、特に重要な意味をもつのが「虚構的知性」です。幼児前期に見立て・つもりあそびとして誕生するこの知性は、「**創造的想像力**」を柱とする思考力の基礎となり、幼児期に発達する「心」の中核部分を構成することになっていきます。幼児中期の3、4歳のところでこの「虚構的知性」が大きく膨らんでいるのは、この時期、現実と虚構を融合させた、「**混同心性的思考**」とでも呼ぶべき心理状態が拡大することを表しています。この「虚構的知性」はやがて幼児後期になると、未来を頭に描きながら協同的活動を展開する力として機能することになっていきます。また、「探究的知性」は実体験を基礎にした「**生活的概念**」として、「共感的知性」は言葉で編まれた「**科学的概念**」として、その内実を豊かなものにしていきます。

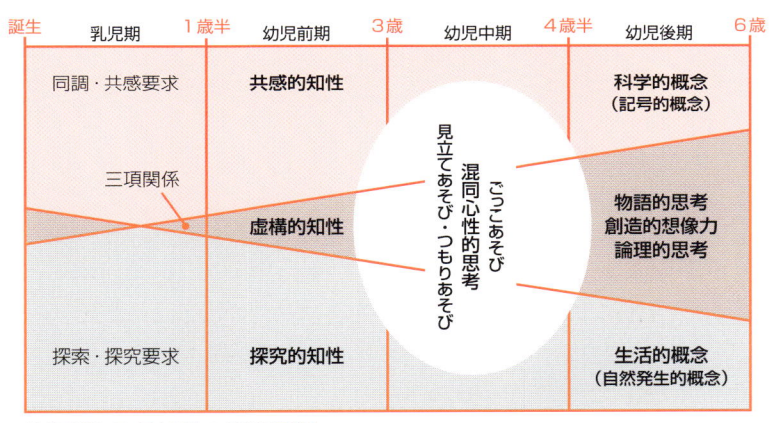

幼児期にみる知性の発達過程

「自分づくりの物語」のアンサンブルとして形成される「クラスの活動の物語」

乳児期の保育実践がひとりひとりの発達課題を意識し、個別の関係を大切にしてきたのに対して、幼児の場合は集団での生活を基本に保育実践が展開される特徴をもっています。つまり、ひとりひとりの「発達の物語」を、「クラスの活動の物語」のなかに位置づけることが必要になってくるのですが、これは容易な課題ではありません。

実際、2歳児クラスといっても、皆が一斉に誕生日を迎えることはありませんから、同じクラスに、2歳になったばかりの子どもと3歳児とが一緒にいることになるわけです。つまり、実際の保育の場では、幼児前期の発達課題と幼児中期の発達課題に、同時にこたえる実践が要求されるのです。しかも年齢が高くなるほど、集団に対する保育者の期待・価値観が大きく作用するようになってくるので、ひとりひとりの要求に基づいて組織される「自分づくりの物語」と、クラスで一斉に取り組む「クラスの活動の物語」とを統一することは、かなり難しい課題となってくるのです。

幼児期のあらすじと特徴

　重要なのは、多様な活動を経験する過程でそれぞれの子どもが、それぞれの「自分づくりの物語」を創造し、そのアンサンブルとして、クラスの活動が生成・発展していく、生きた保育実践を展開していくことです。そのためには、心の発達段階の順序性を正しく理解し、各段階特有の保育実践のポイントを整理しておく必要があります。詳細は各期で解説しますが、その概要をここでまとめておきます。

1. 心の発達の鍵を握る幼児前期の保育実践

　拡大する「自我」の世界に対して、辛抱強く、丁寧にかかわることが、子どものなかに心地よい「第二の自我」を形成する必要条件となります。また、保育者がこうしたかかわりを繰り返すことによって、
　①自己主張する心地よさ
　②受け止められる心地よさ
　③相手の思いを受けとめる心地よさ
という３つの権利を、子どものなかに保障することが重要になってきます。

2.「ごっこあそび」で広がる幼児中期の仲間関係

　「自我」と「第二の自我」の間で「揺れる自我」を生きるのが幼児中期の子どもですが、もちろん実際の３歳児が、そんな深刻な顔ばかりしているわけではありません。頭のなかに虚構と想像の世界を創り出し、現実と虚構を融合させながら活動する姿に、幼児中期のもうひとつの特徴があります。絵本や物語の世界に感情移入し、ごっこあそびの世界に入り込むなかで仲間と「虚構と想像の共同体」を生きることが、大きな意味をもつ時期です。

3. プロジェクト型の協同的活動が、幼児後期の心を育てる

　幼児後期は、仲間と共に目標に向かって背伸びし合える時期です。こうした活動が可能になるのは、それぞれの子どものなかに「自己内対話能力」が育っているからですが、同じように目標に向かって背伸びし合う活動を行う場合でも、保育者の決めた目標に向かうのと、自分たちが決めた目標に向かうのとでは実践の質が異なります。子どもの要求を起点に広がるプロジェクト型の協同的活動が、新しい時代の保育をひらくのです。

　実際、これまでの保育実践では、保育者が計画した行事や活動を子どもたちに提案し、計画に沿って行動する保育者主導の活動が中心でした。これを子どもたちが目標を設定し、その目標に向かって知恵と力を合わせていくプロジェクト型の協同的活動へと転換していくことは、この時代を生きる保育者の課題となっているのです。

　では、幼児後期に向かってこのような保育実践を展開していくために、各期における子どもの心の育ちや対話する保育について、具体的に考えていきましょう。

①幼児前期（1歳半〜3歳）→ P. 47 〜
②幼児中期（3歳〜4歳半）→ P. 65 〜
③幼児後期（4歳半〜6歳）→ P. 85 〜

幼児前期 1歳半〜3歳

幼児前期の育ちの特徴と保育のポイント

「自我」の拡大と、「第二の自我」の誕生

2つの自我のうち、まず自己主張する「自我」が誕生・拡大し、時に自己主張の塊のような様相を見せることがあります。この「自我」を辛抱強く「受け止めて、切り返す」ことで、子どものなかに「第二の自我（社会的知性）」が誕生し、育っていきます。乳幼児期の心の原型が作られる大切な時期です。

「探索と探究の物語」と「共感と文化の物語」が豊かに拡大する過程で、見立てあそびやつもりあそびといった「虚構と想像の物語」が誕生し、それがしだいに子どもの心のなかで大きな位置を占めるようになってきます。

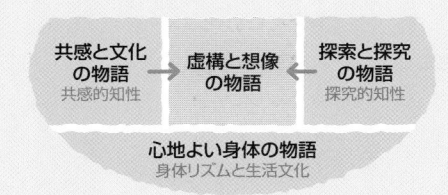

共感と文化の物語（共感的知性） → 虚構と想像の物語 ← 探索と探究の物語（探究的知性）

心地よい身体の物語
身体リズムと生活文化

自我の誕生・拡大

強烈な自己主張 〜こだわり・だだこね〜

まず、幼児前期の育ちを特徴づける「自我」について解説します。

● 要求を「身体＋言葉」で表す

　1歳半ころまでの子どもは、例えば「お菓子が欲しい」といった要求を、泣いたりだだをこねたりして、「身体」で表現します。こうした「身体」での表現だけでなく、その要求を「お菓子が欲しいの！」と「言葉」で表現し、要求を実現するまでこだわる点に幼児前期の特徴があります。

　言葉を獲得し、自我が芽生えた子どもは「お菓子を手に入れるんだ」という「つもり」の世界を、言葉で自覚するようになってきます。それが言葉で要求した自分にこだわり、その要求が実現するまでこだわり続ける姿になって現れるのですが、そこに社会的ルールや規範を表す言葉はあまり役に立ちません。子どもたちは、そんな言葉を無視するように、何がなんでも「要求を実現したい」という強烈な「自我」を表現するようになってくるのです。

●「受け流す」のではなく「受け止める」

　この時期の子どもとのかかわりで大切なのは、子どもの自我を「受け止めて、切り返す」ということです。しかし、子どもの自我を受け止めているつもりでも、実際には「受け流して」いる場合が多いようです。では、「受け止める」と「受け流す」とは、いったいどう違うのでしょうか。

・「受け流す」………子どもが「いや」と言えば「やらなくていいよ」と言い、「これが欲しい」と言えば与える。子どもの言いなりになる関係。
・「受け止める」……子どもの要求を、「あなたはこうしたいんだね」と言葉で共感的に意味づけ直し、行動の背後にある願いへの理解を届ける関係。

　コツは、子どもが言ったことを「子どもより少しゆっくりめ」に、「小さな声で返す」こと。例えば、子どもが「ぼくの！」と主張したとき、「このおもちゃであ

そびたかったんだね」と冷静に優しく返されると、子どもは「うん！　あそびたいの！」と得意げに答えます。そんな表情をしたときがチャンス！　ここでも大人が、「うん、△△したかったんだね」と受け止め、「でもね……」と優しく切り返します。こうして切り返された世界が、「社会的知性」としての「第二の自我」になっていくのですが、心地よく「第二の自我」を育てるには、まず自我を受け止められる心地よさを保障すること。これがポイントです。

●「受け止められ、受け止める」心地よさを

　得意げな表情をするときの子どもは、強烈な自我を主張するときの顔つきとは違い、こういうときは能動的に「大人の言葉を受け止めよう」とします。受け止められた喜びを感じ、自分も相手を受け止めたいという「共感」が芽生える瞬間です。

　この「受け止められ、受け止める」心地よさを、1～2歳にかけて丁寧につくり出していくことが大事です。ここでとことん甘え、自己主張し、受け止められる体験が、好奇心おう盛な自我を育て、人間らしく生きる力となります。なかなか手ごわい時期ではありますが、子どもの「自分づくり」の営みに、大人は丁寧に向き合っていってほしいと思います。

●「第二の自我」を育てる４つの関係

　幼児前期は、強烈な自己主張の時期であると同時に、「第二の自我」を獲得する大切な時期です。「第二の自我」が育つための第一原則は、自我を「受け止めて、切り返す」保育者のかかわりにありますが、それ以外に3つの道すじがあります。それには「探究的知性」「共感的知性」「虚構的知性」という3つの知性が深くかかわっており、幼児前期にこれらの知性を育てる営みそのものが、「第二の自我」を育てることになります。p.52からは、主にこれら3つの知性にかかわらせながら、「第二の自我」の道すじを具体的に解説していきます。

自我の誕生・拡大　**強烈な自己主張** 〜こだわり・だだこね〜

> 対話する保育実践

自我を「受け止めて、切り返す」と言うけれど

自我を「受け止めて、切り返す」。実際これは、けっこう大変なことです。2歳児になったばかりの「拡大する自我」の世界を、保育者がとにかく「受け止めて、切り返そう」と努力した実践です。

昼食を食べ終わった後、自由にあそび始めたときのこと。
ヨシオは、箱積み木の上にコップや皿を並べてあそんでいる。
ミキは、ヨシオが並べたコップを、別の場所に持っていく。
ヨシオ：「イヤー」と言ってミキを追いかけ、肩に向かって口からいく。
保育者：ほかの子の食事の世話をしていたため、近くにはいたがすぐには手が出ず、「ヨシオちゃん、ダメ！」と声をかける。
ミキ・ヨシオ：保育者の言葉と同時に泣き出す。
保育者：ミキの肩を見ると、くっきりと歯形がついている。
　　　　（しまった。遅かった。今までかみつきなんてなかったから油断していた）
保育者：「ヨシオちゃん、かんじゃだめ！　ミキちゃん、痛かったよ」と、ミキの肩をさすりながら伝える。

> ここまでの記録では、保育者はかみついたヨシオ君を注意し、かまれたミキちゃんの思いをヨシオ君に伝えているにすぎません。つまり「受け止め」ていないのです。しかし、これに続くヨシオ君の行動を見て、保育者のかかわり方が変わってきます。

ヨシオ：ミキの持っているコップを指さして泣く。
保育者：「ヨシオちゃん、コップ使ってたの？　ミキちゃんが持って行っちゃって、嫌だったんだね」
ヨシオ：うなずく。
保育者：「そうだね、悲しかったんだね」
ヨシオ：うなずく。

幼児前期 **1歳半〜3歳**

保育者：「でも、かむのはだめだよ。ほら、ミキちゃん、痛い、痛いって」
ヨシオ：うなずく。
保育者：「返してねって言うんだよ」
ヨシオ：「…テネ」と泣きながら言う。
保育者：「ミキちゃん、痛かったなあ。コップ、ヨシオちゃんが使ってたんだって。返してほしいんだって」
ミキ：黙ってコップをヨシオに渡す。
保育者：「ヨシオちゃん、もうかんじゃだめだよ」
ヨシオ：うなずく。

そうです。ミキちゃんが持つコップを指差すヨシオ君の姿を見て、保育者はすべてを理解したのです。理由がわかり、保育者の言葉にもおのずと変化が現れます。「ヨシオちゃん、コップ使ってたの？」と、ミキちゃんをかんでしまったヨシオ君の行為を、まず受け止めます。おそらくヨシオ君はこれまでと口調が変わり、自分の行為を意味づけてくれる保育者の言葉に、何かホッとしたものを感じたことでしょう。さらにこの保育者のよいところは、その後の行動にあります。おそらく「コップ使ってたの？」だけで、「受け止める」ことはできているのですが、さらに「嫌だったんだね」「悲しかったんだよね」と、ヨシオ君の感情を言葉に置き換えているのです。もちろん、言葉を3回返せばよいというものではありません。大切なのは、ヨシオ君が自分の思いを「受け止められた」と感じる瞬間を、探るようにつくり出している点にあります。まさにここに「対話する保育」の真骨頂があるといえるでしょう。

共感し合える関係をつくり出した後に、「でもかむのはだめだよ」とくるから、「返してねって言うんだよ」という言葉がヨシオ君の心に届き、「…テネ」というヨシオ君の言葉につながりました。そしてこの「…テネ」という言葉が、ヨシオ君の「第二の自我」の芽になっていきます。もちろん、こうして「社会的知性」が言葉になったからといって、その後順調に「カシテ」「カエシテネ」と交渉が展開されるほど、2歳児は単純ではありません。こんな体験を何度も繰り返し、時間をかけて、心地よい「第二の自我」が育っていくのです。

悲しかったね

うん

心地よい　身体リズムと
身体の物語　生活文化

拡大する自我 VS 生活文化

生理的要求が「心地よい身体リズム」をもった身体に育っていくのがこの時期です。自我が拡大するこの時期に、食事・睡眠・排せつ・衣服の着脱（清潔）などにかかわる活動を、どのようにして「心地よい身体の物語」に誘っていくかという点が、保育実践の課題となっていきます。

心の育ちと対話する保育

● 心地よい身体リズムと生活文化

子どもたちの思いは、「探索と探究の物語」「共感と文化の物語」「虚構と想像の物語」に向かって開かれていく一方、保育者の思いは「基本的生活活動」としての食事・睡眠・排せつ・清潔（衣服の着脱）場面に向けられることが多いのも、幼児前期の保育の特徴です。スプーンやはしといった食事文化の獲得やトイレで排せつできるようになることなど、保育者の願いはついつい、生活技術の獲得としつけの部分に向けられがちになるのです。

乳児期は「生理的要求」に応答的にかかわることが大切にされた「基本的生活活動」が、幼児前期になると大人が準備した「生活文化への適応」を要求するようになるわけですから、その難しさはひとしおです。生活場面における「子どもの願い」と「大人の願い」には、容易に埋めることのできない大きな溝が存在しているのです。

●「ジブンデ」という子どもの願いを起点に、根気よくかかわる

自分がおもしろいことは何がなんでも要求するけれど、やりたくないことは「イヤ」と言って拒否をする。そんな自我が拡大する時期に、「社会的知性」として生活文化を獲得させようとするのですから、簡単にことが運ばないのは当然です。この時期に生活文化を心地よく獲得させる特効薬はありません。ここはとにかく根気よくつきあうしかありませんが、それでもこの時期の生活文化獲得に関して重要なポイントが3つあります。

① **保育者が指示・命令するのではなく、子どもが「ジブンデ」決めることを基本に働きかける**

服を着替えるとき、与えられた服を着させられることには抵抗を示す子どもも、「この服とこの服、どっちにする？」と聞くと、「コッチ」と機嫌よく着替えを始めます。"自分で決めたことには責任をもつ"という幼児前期の子どもたちの生き方が、ここにあります。

② **「○○したら、次はこれしようね」と、見通しをもてるような語りかけ**

子どもは、指示や命令を受けながら生活することを好みません。子どもへの語りかけは、近い「未来」に期待をもちながら現在を生きる——そんな思考様式を育てる言葉を、常に選びたいものです。すると、そのときうまくいかなくても、少しずつ見通しをもちながら生活する、そんな思考様式が育っていくのです。

③ **煮詰まりそうなときは早々に切り上げ、生活場面以外の「探索と探究の物語」「共感と文化の物語」「虚構と想像の物語」の充実へ、視点を移す**

とかく生活場面の保育は、最後まで食事を食べるように、自分でボタンを全部かけられるようになど、保育者の意地のようなものにこだわり、出口の見えないイライラした関係に子どもを追いこんでしまいがちです。生活場面のトラブルを、保育全体に引きずらないこと。柔軟に視点を移すことを、ぜひ考えてください。

幼児前期 1歳半〜3歳

探索と探究の物語　探究的知性

興味が広げる探究する物語

自由に動き回る身体を使って、探究心や好奇心が強い知的要求として育っていくのが幼児前期です。水、砂、虫、植物に向けられる、子どもの不思議心は、「言葉にならない意味の世界（前言語的意味）」として身体のなかに育っていきます。また、こうして育つ「探究的知性」は「自我」に深くかかわる知性であり、おもしろいことをとことん追求する経験の保障が「安定した自我」の基礎となります。つまり「自我」は単なる自己主張の世界ではなく、おもしろさを追究する活動として拡大させていくことが重要となるのです。

心の育ちと対話する保育

「おもしろさ」が探究する心を育てる

モノとの深いかかわりから興味や関心を広げ、「不思議だな」「ドウナッテルノ？」といった探究心が芽生えます。水、土、小動物など、興味をもったものになんでも手を出して確かめる様子は、まさに「身体で考える」という言葉がふさわしいかもしれません。

積み木をつむ、プリンのカップに砂を詰める……そうやってモノと向き合う子どもの表情には、「まじめさ」と「真剣さ」があります。ロシアの心理学者Ｌ.Ｓ.ヴィゴツキーは、「２歳児はまじめにあそぶ」と言いましたが、こうして夢中になっているときの子どもは静かで、落ち着いているのです。

残酷なおもしろさと２歳児の探究心

しかし、２歳児の探究心は、科学や真理の世界に向かって一直線に発展していくわけではありません。例えば、２匹の黒い小さな虫を見つけたＡ君。じっと見つめながら、「これママ、これパパ」と語りかけていたのですが、何を思ったのか、急にじょうろを取りに行き、水を入れてその虫にかけ始めたのです。そばにいた保育者が、「わー、苦しいよって虫さん言ってるよ」と語りかけても、何度も水をかけては笑っている……。そして最後には、水の入ったバケツにその虫を放り込んだというのです。

そうです。彼らは「マジメ」な表情で、かくも残酷な行動をやってのけたりもするのです。しかし言語的思考が発達途上の子どもたちに、生命の尊さや科学的真理を語ることは、それほど意味をもちません。身体で学び、考える知性が、「おもしろさ」の延長線上で育っていくのが幼児前期なのです。

「探索・探究」し合う時間と空間を、仲間と共に

大切な点は、探索・探究の世界に浸る時間と空間をたっぷり保障することです。特に幼児前期の子どもにとって、変化する自然空間のもつ力は大きく、園庭から園外に広がる空間の教育力を、保育に位置づけることが重要になります。水や砂、土を使った泥あそび、起伏のある園庭空間、草や花があり小動物が生息する空間と、園庭を中心とした自然空間のもつ力を最大限引き出す工夫をしたいものです。

そして同時に、園庭から園外につながる空間へと子どもの要求をつなげる保育も大切です。自然のなかに一緒にいると、そこに流れる空気や発見を共有する独特な共感性が、子ども集団のなかに広がっていったりするのです。

対話する保育実践

カマキリの生命に向き合って
～カマキリを飼育した2歳児クラスの物語～

周囲に広がる自然やモノの世界が、不思議でおもしろくて仕方ない1、2歳児。しかし、彼らの「探索と探究の活動」は、そんなに長く続くわけではありません。目の前に広がる世界に引っ張られるように興味・関心が移っていくのが、この時期の子どもたちなのです。それでも、特に生命あるものとの出会いについては、2歳児なりの葛藤が生じ始めます。例えばカマキリを飼った2歳児クラスの事例を、ある保育者が記録に残しています。

カマキリを飼い始めて、まず問題になったのがえさのこと。「カマキリは生きた虫しか食べない」と話すものの、子どもたちは自分が捕まえた虫をカマキリのケースには決して入れようとしない。そこで保育者が捕まえたバッタを入れると、カマキリはムシャムシャと食べ始めた。「うわっ、食べた！」と、バッタを食べるカマキリにくぎ付けになる子どもたち……。

> 記録はこのように始まるのですが、その後カマキリが弱って動けなくなったので庭の草むらに帰してやると、アリがそのカマキリを引いていく場面を目にします。

トシ・アヤメ：カマキリにアリが群がってくるのを見て、「うわっ！　あっち行け！」
保育者：「ほんとだね、いっぱい来たね」
トシ：1匹のアリが来た方向に帰っていくのを見て、「うわー、よかった。あっち行った」
しばらくしてまたカマキリの所に行くと、アリの大群に取り囲まれている。
トシ：「どうしよう！　カマキリが！」
保育者：「でもね、カマキリさんはもう動けないから、アリさんたちのご飯になったほうがいいのかもね。アリさんたちもおなかが空くんだよ。冬を越すためには、たくさんのご飯が必要なの」

> 2歳の子どもにこんな哲学的な言葉が届くかどうかわかりませんが、そばにいたタケオ君が「アリさん、おいしいんじゃなーい？」と言ったかと思うと、「アリさん、食べないで！」とトシ君が言うなど、2歳児なりに「生命」を身体で感じ取っていたというのです。

幼児前期 1歳半〜3歳

　その後、カマキリの共食いに出合ったり、捕まえてきたバッタを勝手にえさにされて大泣きしたりと、カマキリをめぐって波乱万丈のドラマが展開されていったといいます。

保育者：「トシちゃん、昨日トシちゃんが捕まえたカマキリがね、動かなくなってるの……」
トシ：カマキリに駆け寄って、無言でカマキリに見入っている。
母親：そこへ迎えに来た母親が、「生きているうちに、大きいカマキリの所に入れてあげなよ」
トシ：弱ったカマキリを元気なカマキリのえさにしなさいと言う母親の言葉を受け、カマキリをつかんで大きいカマキリのかごに移し替えようとしたが、「やっぱり動いてる」と言いながら元の場所に戻す。
母親：「入れてあげなさいって」
トシ：「なんか、カマキリがっ！」と、動いているカマキリを見てにっこり笑う。
ヨシオ：弱ったカマキリをいじっているトシ君に向かって、「カマキリ、死んじゃう！」
母親：「ほら、大きいカマキリにあげなさい。生きてるうちじゃないとさ」
トシ：弱っているカマキリと大きいカマキリとを見比べ、気持ちが定まったのか、弱ったカマキリを元気なほうに移し替える。そして、「でっかいカマキリが赤ちゃんのカマキリ、食べられるかなー？」と言う。
保育者：「どうかなあ？　死んじゃうと食べないからねぇ」
トシ：「あっ！　でもバッタ捕まえたの、食べるんじゃない？」

　まだ論理的思考が成立しているわけではなく、生命に関する哲学的価値観をもっているわけでもありません。バッタ、カマキリ、アリと、それぞれの命に軽重があるわけではないけれど、その間で展開される生命の理不尽を2歳児なりに感じ取り、考えているのでしょう。
　おそらく2歳という時期は、周囲に広がる自然の不思議さをこうして身体で感じ取り、自分のなかに刻み込んでいく時期なのだと思います。不思議さがいっぱいある生活を、子どもたちに保障したいものです。その際大切なのは、保育者が「正しい」ことを教えようと躍起にならないこと。子どもが考え、判断したことが、その子にとって年齢にふさわしい正しい選択だと受け止めることです。やがてやってくる科学的思考の基礎となる探究的知性が、こうして身体のなかに形成されていくことが大切なのです。

共感と文化の物語　共感的知性

共感から広がる文化の世界

大好きな人との間に形成される共感的関係を基礎に、歌や絵本といった文化に向かって育っていくのが、幼児前期の「共感的知性」です。そうやって、同調と共感の感覚と共に、歌や絵本に描かれた物語の世界を繰り返し経験するうちに、意味はよくわからなくても、「言葉のなかに価値を感じる世界（前意味的言語）」が育ちます。そしてそれが、「第二の自我」の芯（しん）となっていくのです。

心の育ちと対話する保育

大好きな人との関係を基礎に、文化に開かれていく生活を

あそび歌やあやしあそびといった文化財を間に挟みながら、「他者と共感する心地よさ」を身に付けてきた乳児期に対して、大人との信頼感を基礎に、絵本やあそび歌や音楽といった文化的価値に向かって、子どもの「おもしろさ」が開かれていくのが幼児前期です。
もちろんその背景には言葉の発達があるわけですが、

- **絵本を読んでもらう雰囲気が楽しい→絵本の内容がおもしろい**
- **歌をうたう気分が楽しい→歌の内容がおもしろい**

というように、文化に対する姿勢と理解が、この段階で大きく変わってくるのです。

言葉やリズムのおもしろさを繰り返す歌や絵本を

この時期の子どもは、言葉やリズムのおもしろさを繰り返し楽しめる歌や絵本を好みます。厳密な意味はよく理解できなくても、音の雰囲気がおもしろい……。そんなおもしろさが魅力的なのです。
例えば、「おむすびころりん　すっとんとん」という言葉を絵本で聞いても、最初は「すっとんとん」の意味はよくわかりませんし、「ころりん」が何を意味しているのかも、本当はよくわかっていません。
でもその響きが好きで、絵本を読んでもらっているうちに、自分から「……とんとん」と、口ずさむようになってきます。
歌も同様で、歌詞の意味はよくわからなくても、子どもは大人と一緒に口ずさみながら、リズムとメロディーと言葉で編まれた世界を楽しみます。

幸福感と心地よさを広げるふれあいあそびを

共感的な空気のなかで歌や絵本を楽しむことが、「共感の身体感覚」として、子どもの内部にしっかりと根づいていくことが大切です。そのベースは、「身体で感じる幸福感」「大好きな人と共振・共鳴する関係」。まてまてあそびやじゃれつきあそびといった「ふれあいあそび」は、幼児前期の子どもが仲間との共感関係をつくるうえで、大きな意味をもつ活動といえます。
大人と子どもが共有する「開放された幸福感」をこの時期にたっぷり味わうことが、その後の「自分づくり」や「仲間づくり」に大きな意味をもつことになるのです。

幼児前期 **1**歳半〜**3**歳

保育現場から

言葉やリズムのおもしろさを繰り返し楽しむ歌・絵本

保育者自身も子どもと一緒に、言葉やリズムを楽しみましょう。
この時期におすすめの歌・絵本を紹介します。

● 歌

- 「ながぐつマーチ」　　作詞＝上坪マヤ　作曲＝峯 陽
  「ドンドン」の繰り返しを楽しみながら、足などを踏み鳴らしても。朝のお集まりの時間などにぴったり。

ながぐつはいてる ね ドンドン　ガボガボあるこう ね ドンドン　どろんこみちでも さ ドンドン ホラ へいきであるこう よ ドンドン　みずたまりーでも さ ドンドン ホラ みんなでげんきよく ドンドン

©2004 by music publishing centre corp.

- 「つくしんぼ」　　作詞・作曲＝ききょう保育園　採譜＝二本松はじめ
  「♪ポッとでた　ポッとでた」の繰り返しに合わせて、指あそびをしても。「♪ポッと」で、人差し指を伸ばし、
  「♪でた」で縮める。

ポッとでた ポッとでた つくしんぼ　ポッとでた ポッとでた つくしんぼ　ちょうちょが とんで はるですね

● 絵本

- 『だるまさんが』　作＝かがくいひろし　ブロンズ新社刊
- 『もこ　もこもこ』　作＝谷川俊太郎　絵＝元永定正　文研出版刊
- 『あーんあん』『いやだいやだ』　共に作＝せなけいこ　福音館書店刊
- 「おにの子あかたろうのほん」シリーズ　作＝きたやまようこ　偕成社刊
- 『三びきのやぎのがらがらどん』　北欧民話　絵＝マーシャ・ブラウン　訳＝瀬田貞二　福音館書店刊

Point

読み聞かせをするときは、保育者のペースではなく、子どもの表情を見てページをめくる。言葉の繰り返しのおもしろさがわかってくると、子どもたちはその言葉をいい表情で待っていてくれる。「もう1回！」のリクエストには何回でもこたえ、そのおもしろさがみんなのなかに広がり、共感できるようにする。

共感と文化の物語
共感的知性

共感から広がる文化の世界

● 園ではやりの歌あそびや絵本を親に知らせる

子どもたちが一体となって歌をうたい、手あそびをし、絵本に見入る姿を見ていると、その一体感に保育者も幸福な気分になってきます。ところが家庭での親子関係が、そんなに幸福に展開しないこともあるのが、これまた幼児前期の特徴です。

絵本や歌、あそび歌といった文化財を間に挟んで、共感の心地よさを広げる営みは、親子が一対一で行うとより効果的ですが、そんな余裕はなかなかつくり出せません。それどころか、親が1、2歳児の喜ぶ歌や絵本を知る機会などあまりないのが現状でしょう。

ですから、園ではやりの絵本やあそび歌などを、上手に親たちに伝えましょう。親に読んでもらう絵本は、幸福な時間と共に子どもの宝物になり、親にとってもそれが心地よくなってくると、親子の関係が変わってきます。1日5分でもその時間を確保し、親たちが喜びを感じられるようサポートしたいものです。

保育現場から

身体を使ったふれあいあそび

人の肌と肌がふれあうことの安心感や、心地よさを感じられるあそびを紹介します。

● 「大根漬け」　　作詞・作曲＝二本松はじめ
　子どもが大根、保育者が漬ける役。歌詞に合わせて子どもとふれあう。

（楽譜）
ダイコンいっぽん ぬいてきて　パッパッパッパッ どろおとし　ゴシゴシゴシゴシ みずあらい　プルンプルンプルンプルン
みずきって　まないたのうえに　ゴローンゴロン　おしおをサッサッ ふりかけて　ギュッギュッギュッギュッ
すりこんで　ゴロゴロゴロゴロ すりこんで　たるのなかにギュッギュッギュー　ダイコンいっぽん つけあがり

> **Point** 1歳半〜2歳くらいの子には一対一で、3歳くらいだと、子どもたちはみんな大根になり、保育者が漬けて回るようにしても。

● 「さよならあんころもちまたきなこ」　　わらべうた
　子どもと両手をつなぎ、その手を振りながら歌う。

（楽譜）
さ よ な ら あん こ ろ も ち ま た き な こ

> **Point** 歌いながら子どもにふれ、熱はないかな？　目やには大丈夫？　表情はどうかな？　などと確認することもできる。

幼児前期 **1歳半〜3歳**

虚構と想像の物語　虚構的知性

想像する力の誕生
～見立て・つもりあそび～

乳児後期に芽生えた「三項関係」が、現実に存在しないものを思い浮かべ、虚構と想像の世界を生きる力に発達していく点に、この時期の特徴があります。「見立てあそび」「つもりあそび」を成立させる「虚構的知性」の誕生が、幼児の新しい知性の世界をひらき、その世界に浸る経験が、やがて「第二の自我」を共有する心理状態の基礎となります。

心の育ちと対話する保育

非現実を描き出す力の誕生

2歳を過ぎるころになると、子どもたちは現実に存在しない「虚構」世界を頭に思い浮かべながらあそぶようになってきます。

例えばそれは、積み木を自動車に見立てて「ブッブー」と言いながらあそぶ「見立てあそび」、あるいはイヌになったつもりでよつんばいになって「ワンワン」とあそぶ「つもりあそび」になって現れてきます。

一口に「見立て・つもりあそび」といっても、実際に現れる姿は多様です。ぬいぐるみを布団に寝かせ、子守歌をうたってトントンしていたかと思うと、急に「ウンチ、デチャッタネエ、チョットマッテテネ」と言いながら、まるで親か保育者にでもなったような雰囲気であそんだりします。またあるときは、プリンのカップに砂を詰め、砂場の周囲を埋め尽くすくらい「型抜き」を繰り返したあげく、「イラッシャーイ」とプリン屋さんごっこに興じたりするのも、2歳児に典型的に見られるあそびの姿です。

想像の世界に浸る時間を大切に

「見立てあそび」「つもりあそび」で、子どもたちは、現実に存在しないものをイメージとして描き出し、そのイメージに誘引されるように、あそびの世界に浸りきっていきます。こうやって非現実を描き出す力こそが、やがて希望や未来といった未体験の世界を創り出す「創造的想像力」の基礎となっていくのです。

もっとも2歳児の段階では、頭のなかに創り出した「虚構世界」と、それをあそんでいる「現実世界」との境目は明確でなく、2つの世界は心理的に融合した不思議な状態にあります。この不思議な心理状態に浸る体験が、3歳のころにやってくる「ごっこあそび」へとつながっていくのです。大切なのは、子どもたちが「虚構と想像の物語」を創り出しながらあそんでいるとき、幸福そうな表情をし、安定した気分で時間を過ごしている事実。現実世界でだだこねを繰り返す子どもたちも、見立てあそびのなかでは落ち着いているのです。こうして創られる「想像の共同体」とでもいうべき仲間関係は、やがて、「理想や目標を共有する仲間関係」の心理的基礎を形づくることになります。

虚構と想像の物語
虚構的知性

想像する力の誕生 〜見立て・つもりあそび〜

● ごっこの気分が広がり、つながる環境とかかわりを

幼児前期の環境構成は、見立て・つもりあそびが広がる空間のデザインを意識することが大切です。ごっこの気分が広がり、つながるような空間を、子どもと対話しながら柔軟につくっていくのです。

2歳児の見立て・つもりあそびは、ひとりひとりがバラバラにあそんでいるように見えながら、決して無視し合わないという「平行あそび」として現れます。無理やりつなげるのは禁物ですが、バラバラにあそばせ続けるのも違います。あそびを観察しながら、イメージの支えとなるものを準備したり、保育者が入ってあそびの気分をつなげるかかわりをしてみたり……。そんな試行錯誤を繰り返しながら、「集団的見立て・つもりあそび」ともいうべき「ごっこあそび」が生まれる瞬間をサポートすることが大切です。

保育現場から

見立て・つもりあそびのイメージを広げるために

子どものイメージが広がるような教材やかかわりを工夫しましょう。

●準備する物
既製品ですでに姿・形が出来上がっている物ではなく、1つの物が何にでも見立てられる物を用意する。

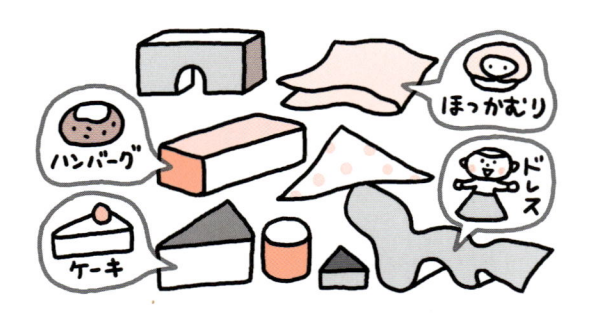

さまざまな形・大きさの積み木や、布を用意。

●保育者のかかわり
つもりあそびを楽しむ子どもたちと一緒に、保育者も思い切りあそび込むことが大事。あそぶなかで子どもがイメージを膨らませ、発信・発想したことに耳を傾け、しっかりとらえて返していく。

幼児前期 **1歳半〜3歳**

> **対話する保育実践**

ごみ収集車ごっこのおもしろさ

幼児前期の保育実践で一番盛り上がるのが、まてまてあそびと、その延長で行われるごっこあそびです。とにかくこの年齢の子どもたちは、「ごっこ」の気分に乗せると、とことんその気分につきあってくれるのです。

そんな2歳児クラスの子どもたちがごみ収集車に興味をもち、音（エンジン音や曲）が聞こえてくると、かけ寄って見るようになったそうです。そんなある日、保育室で不思議なあそびが始まったと記録に書かれています。

保育室でヒロ君が、おもちゃ棚の人形をすべて床に放り投げたと思うと、今度はそれらをひとつずつ拾い、元の棚の方へ放り投げていました。

保育者：「お人形は全部出さないで！ 使いたいのはどれ？ 投げないで、優しくお片付けしよう」

優しく話したつもりでしたがヒロ君には届かず、ヒロ君は人形を床に投げ、棚に投げ返す動作を繰り返すのみ……。何をしたいのか理解できなかったので様子を見ていたら、今度は突然、歌いながら人形を放り始めました。

ヒロ君：「チャンカチャンチャン、チャンカチャンチャン」

これを見て、わたしにもやっとヒロ君の行動の意味が理解できました。ヒロ君はごみ収集車の音を出しながら、人形を放り投げていたのです。

保育者：「ヒロ君、ごみ収集車なんだね」

ヒロ君は笑顔でうなずき、いっそう大きな声で「チャンカチャンチャン」と歌いながら人形を放り投げ始めました。

> そうです。2歳のヒロ君は、いつも来るごみ収集車のおじさんの姿を、あそびのなかに再現していたのです。人形をごみに、棚を収集車に見立ててあそぶヒロ君の姿を、保育者は次のように記しています。

わたしは、棚の人形を全部出し（とても散らかっていました）、放り投げて入れるという行動に迷いを感じたのですが、ヒロ君のゴミ収集車を観察する力、イメージする力はすごいなと思い、ヒロ君が満足するまで見守ることにしました。

なんといってもあそびのなかのヒロ君は、実際の作業員がごみを収集車に入れるように後ろ向きに放り、収集車のレバーを引く動作や、ボタンを押すしぐさまでしていたのですから。

　それでも保育者は、人形を投げてあそぶのはやめさせたいと少し悩んだそうです。するとその後このあそびが、クラスに広がっていきました。次第にエスカレートし、片付けのときなどヒロ君を先頭に、多くの子どもたちが人形を投げ合うようになってきたのです。
　保育者としては、「チャンカチャンチャン」と人形を投げてあそぶ子どもたちに「優しく入れてね」と声をかけるのが精いっぱいで、このままあそびを見守っていていいのかどうか悩み始めたと、最後に綴られていました。

　さてあなたが担任だったら、この場面をいったいどのように考えますか。
　そしてどのように対応しますか。

　同じような形で広がったごみ収集車ごっこを、まったく別の方向で発展させた実践を聞いたことがあります。その保育者は、あそびが広がっていくのに並行して、段ボールでボンネットやタイヤ、そして後部には開閉可能な扉の付いた収集車を作ったのです。もちろん、「そうやって投げる代わりに、これを使ってあそべばいいでしょ」なんて気の利かない言葉はいっさい使わず、あくまでも自分の趣味で作っているという感じで作業を続けたと、その保育者は教えてくれました。
　すると子どもたちは、ごみにする袋を探してきて、いろいろなものを詰めたり、「前にはライトを付けなければだめだ」と言ってきたりします。そしていよいよ完成というときに、ある子が軍手とタオルを要求してきたというのです。もちろんタオルを頭に巻いて、軍手を手にはめると、もうすっかり気分は収集車のおじさん。2歳児とは思えないくらい集中したごみ清掃車ごっこが展開したそうです。
　「幼児前期の発達にごっこあそびが大きな意味をもつ」と頭でわかっても、実際に保育実践として展開させていくことは容易ではありません。保育者が指示しすぎると、ごっこあそびを支える「気分」が壊れてしまいますし、ただ子どもに任せていると、人形を投げ合ってあそぶ活動に展開していくこともあるのです。
　大切なのは、子どものなかに生成する「おもしろさ」に共感し、その「おもしろさ」を発展させるためのしくみを、多様な形で準備することです。もちろん発展させるのは子どもであって、保育者ではありません。「こうしたらおもしろいかも」と子どもがひらめく瞬間を、対話的関係で創り出していく点に、まさに幼児前期の保育実践のおもしろさがあるのです。

幼児前期 **1歳半〜3歳**

> 対話する保育実践

探索する物語は、虚構と想像の物語と共に

幼児前期に「探究的知性」「共感的知性」「虚構的知性」の3種類が育つと言いましたが、それらはバラバラに育つわけではありません。探究的知性だけを育てる活動なんてありませんし、虚構的知性だけであそぶこともありません。特に2歳児の探究的知性は、「虚構的知性」と一緒に現れるのが普通です。木片に興味をもっているうちに、それを自動車に変身させてあそんでみたり、林を歩いているうちに「オバケー」と想像世界に入っていったりと、幼児前期の「探索と探究の物語」は、「虚構と想像の物語」と一緒に大きく育っていく特徴をもっているのです。
そんなある2歳児が、プリンのカップに土を入れ、初めて型抜きができるようになったときのことをまとめた記録の一部です。

その日、ミカちゃんはプリンカップの隅まできっちりと砂を入れることを覚えて、とうとうきれいな型が抜けるようになると、「ほら、見て！　プリンだよ！」と、とてもいい笑顔を見せてくれました。

> ところがその日は幼児クラスのお店屋さんごっこに招待されていたので、ミカちゃんは保育者から「そろそろ片付けをして買い物に行こう」と、何度も誘われることになります。ミカちゃんはそんな保育者の誘いをきっぱり拒否してプリンの型抜きを続け、そのうちとうとうお店屋さんごっこも終盤に……。そのときのことが、次のように綴られています。

わたしは最後の誘いかけをしようと、砂場へ向かいました。近づいてきたわたしに気づいたミカちゃんは、にっこりと笑顔を見せると「いらっしゃい、いらっしゃい、プリンでしゅよー」と言いました。びっくり！　なんと、砂場の縁にずらりと、きれいに型が抜かれたプリンが並んでいたのです。それを見たとき、初めてきれいなプリン型が抜けるようになったことを、ミカちゃんがどれほどうれしく思っているのか、その喜びの重みを感じました。
「プリンくださいな」「ハイ、じゅうえんでーしゅ」並べられたプリンは、なんと64個！

63

ひとり黙々とプリン型を抜いている2歳児の姿が目に浮かぶようですが、こうしてプリンの型抜きをしている子どもも、あるいは泥団子を作る子どもも、何か職人のようなひたむきさがそこに漂ったりしているものなのです。

実際、ミカちゃんのように64個ものプリンの型抜きを続ける根気と集中力が、モノと向き合い、対話する2歳児には存在しています。もちろんそれを支えているのは、きれいに型が抜けるようになった喜びなのだと思いますが、その背後には、崩れないように型を抜く緊張感を楽しむ感覚もあるのだろうと思います。

おもしろいのは、このように手指が緊張した作業を続けている間、ミカちゃんの耳は、年長組が品物を売り買いする音の方にしっかりと向けられていたということです。お店屋さんごっこで使うプリンを作っているつもりはなかったと思いますが、それでもどこかで2つの世界がつながっていたことも確かなのでしょう。最後に記録は次のようにまとめられています。

> この日、準備された品物は何ひとつ買わなかったけれど、64個ものプリンをたったひとりで作り、「いらっしゃい、いらっしゃい、プリンでしゅよー」とわたしに売ってくれたミカちゃんこそが、だれよりもすてきなお店屋さんごっこをしていたのだと思います。

幼児前期の「探索と探究の物語」は、ただ散歩しながらいろいろなものを探し回る行為を通して生まれる物語を指しているのではありません。土や水や小動物と向き合い、心のなかに不思議さとおもしろさをため込む、そんな経験のなかで創られる「心の物語」を指しているのです。

幼児中期
3歳〜4歳半

幼児中期の育ちの特徴と保育のポイント

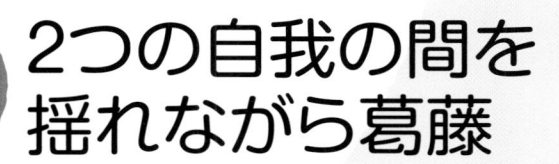

2つの自我の間を揺れながら葛藤

時に強烈な「自我」が現れる一方で、確かな「第二の自我」が育ってきます。ただし、あるときは「自我」の塊として、またあるときは「第二の自我」を心地よく、そして時に2つの自我をつなげながら、多様な自我世界を「揺れ」と共に生きていくのがこの時期の特徴です。

仲間と虚構世界を共有する「ごっこあそび」を柱に「虚構と想像の物語」が大きな位置を占めるようになると共に、「共感と文化の物語」と「探索と探究の物語」を起点に、ゆるやかに「協同的活動」が展開されるようになってきます。

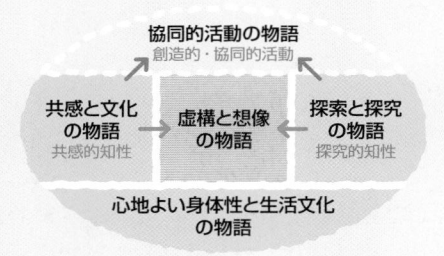

```
              協同的活動の物語
               創造的・協同的活動
                    ↑
   共感と文化      虚構と想像      探索と探究
     の物語    →    の物語    ←     の物語
    共感的知性                     探究的知性
                    
           心地よい身体性と生活文化
                  の物語
```

自信と誇りの３歳児、自分が見える４歳児

揺れる自我

まず、幼児中期の育ちを特徴づける「揺れる自我」について解説します。

●期待と共に「アシタ」を生きる３歳児

　３歳ころになると、子どもたちはしきりに「アシタ」という言葉を使い始めます。もっとも、３歳児が使う「アシタ」は厳密な意味での「明日」とは少し違い、「トイレに行こう」と誘うと、「アシタ行く」と答えるなど、最初は未来一般を指す言葉として使われます。同じことは「キノウ」という言葉にも表れます。これは３歳児のなかに「過去─現在─未来」という時間軸が形成されたことを意味していると同時に、いまだ体験したことのない「未来」という世界を、頭のなかに思い浮かべる力を獲得したことと深くかかわっています。こうして「アシタ」という言葉を獲得した子どもたちは、やがて遭遇する「未来」が楽しみで仕方ないようで、「アシタ、○○する？」と、期待の気持ちを表現するようになってくるのです。

●世界を関係づける３歳児

　また、「つまり」「だから」といった接続詞や、「（どうして）？」といった疑問詞を使いながら、周囲に広がる自然やモノを比較し、変化する自然の姿に因果関係を見い出すなど、世界を関係づける力が大きく育ってきます。

　　にほんじんっていうひとからうまれると　にほんじん？

ここには親子の関係が、国籍・民族の関係へとつながっていくことの不思議さが表現されています。両親の国籍が違うと、その子は何人（なにじん）になるのかという、かなり哲学的・政治的な問題を含んだ問いでもあります。

　　おとうさんは　おとこだから　しんぶんを　よんで
　　おかあさんは　おんなだから　こうこくを　みる

両親の生活に見られる法則性に気づき、つぶやいた言葉ですが、いわゆるジェンダー問題に通じる社会的問題への気づきが、ここには表現されています。幼児中期の子どもたちは、これまで経験してきたことを一気に関連づけ、そこに関係性・関連性を創り出しながら世界と対話していくのです。

●感情移入の３歳児、物語を共有する４歳児

こうして彼らは「未知の世界を想像する力」と、「周囲に広がる世界を論理的に整理する力」を獲得するようになっていくのですが、その一方で、絵本や物語の世界に対しては、まるで「感情移入」するかのようにのめり込んでいきます。

　　あたし　ほんに　はいれないわねえ　おばあちゃんを　たすけたかったけど

身も心も入り込む心理状態を「感情移入」と呼んだりしますが、まさに３歳という時期は、物語の世界にどっぷりと入り込むことのできる時期なのです。ところが４歳になると、子どもの意識はストーリーの中身に向けられるようになってきます。物語の起承転結に意識が集中し、その展開過程にハラハラ・ドキドキするようになってくるのです。このとき子どもは、物語の読み手である親や保育者と共に、冒険に出かけるような心理状態にあります。また、親や保育者だけでなく、一緒に話を聞いているクラスの仲間と、まるで「物語共同体」のような不思議な関係をつくりながら、物語の世界を生きていくのです。

●自信と誇りの３歳児、自分が見える４歳児

おそらく幼児中期は、幼児が最も幼児らしく輝く時期なのだろうと思います。もちろん明確に「幼児らしさ」を定義することはできませんが、それは、経験するすべてのことをおもしろがり、「自信と誇り」に満ちた自分を表現しながら生きる姿と言うことができるかもしれません。

特に「自信と誇り」の世界を生きているのが３歳児です。彼らは「絶対にできないよな」と保育者が思っても、「ボク、デキル」と自信たっぷりに宣言しますし、５歳児がコマ回しに挑戦する姿を見れば、「ボクモ」と手を出したりするのです。根拠のない自信に裏づけされながら、とにかく思い浮かんだことはなんでもできそうな気がするようで、それを人は「有能感・万能感」といった言葉で表現してきました。そんな「有能感・万能感」と共に生きる３歳というときは、人間として必要とされるすべての力が大きく育つ時期です。「未来」を想像する力、世界を論理的に整理する力、物語に感情移入してストーリーを生きる力……、これらの力を大きく伸ばし、発達しているのが３歳児たちなのです。

ところが４歳になると、しだいに「できること・できないこと」が見えてきます。「願望や理想の世界」と「現実の自分」との間のギャップに悩み、それを調整することが発達課題となってくるのです。そしてその葛藤を克服する過程で、個性（心）の原型が作られていきます。

揺れる自我　自信と誇りの3歳児、自分が見える4歳児

●基本は「受け止めて、切り返す」かかわりに

　問題は、こうして個性の芽が形成される幼児中期の子どもたちに、いったいどのような「発達の物語」を保障すればよいのかという点にあります。
　これに対する原則的な答えは明快です。新たな力を獲得しようとする子どもの能動性を尊重することと、その要求を「受け止めて、切り返す」かかわりを丁寧に繰り返すこと。この2点に尽きると言って間違いないと思います。つまり、「自信と誇り」に満ちた幼児中期の子どもたちと対話的関係を切り結んでいくことが、ここでも重要になってくるのです。
　ただし実際には、これが難しいのです。なんといっても、周囲に広がる自然も文化も、不思議でおもしろいことだらけなのです。要求が膨らみ、やりたいことがいっぱいの子どもたちと対話的関係を切り結んでいくことは容易ではないのです。

●子どもと保育者の間に生じる溝

　実際、この時期の子どもの要求と保育者の要求を結び付けるには、多くの困難がともないます。集団が大きくなり、保育者はつい子どもたちを一斉に動かそうとしがちになります。これに対し、子どもの「おもしろさ」は個別に、時間差で現れるから大変です。自信たっぷりに保育者の要求に従わない子どもと、皆の気持ちと行動をひとつにしようと懸命になる保育者との間に溝ができてしまうのが、幼児中期の保育実践の特徴でもあるのです。
　こうした幼児中期の保育実践を、保育者中心でも子ども中心でもなく、「相互に主体的で対話的な関係」で展開していくには、保育者の知性と感性と人間性が問われます。

●3種類の自分を揺れながら生きる3～4歳児

　P.10～11で左のような図を示し、幼児中期は「揺れる自我」の時期だと位置づけました。確かに子どもたちは、表面的には自分のなかに形成した「自我」と「第二の自我」とをうまくつなげられず、「矛盾と葛藤」のなかにあると考えられます。しかし実は、
・「自我の塊」のような自分に自信いっぱいで活動したり、
・新たに獲得した「第二の自我」の世界を「誇り」と共に語ったり、
・時に2つの自我をつなげる自分を「誇らしく」表現したり
と、3種類の自分の間を、揺れながら生きているのが現実なのです。
　そしてこうした経験を重ね、4歳半を過ぎるころになると、その子なりに「自我」と「第二の自我」とを結び付ける技法を獲得するようになっていくのです。その鍵を握るのが、①ごっこあそび②探究する共同体（仲間集団）③物語共同体の3つ。では、保育実践でこの3つをどのように創り出していけるか、具体的に考えていきましょう。

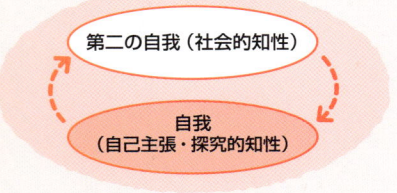

図1　揺れる幼児中期の自我世界

図2　3つの自我の間で揺れる幼児中期
【自己中心型】【知性発揮型】【自己内対話型】

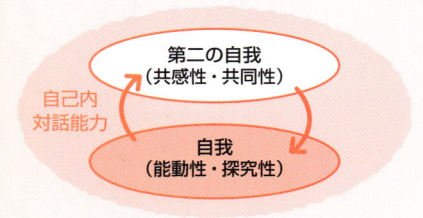

図3　自己内対話能力の獲得（4歳半～）

幼児中期 3歳〜4歳半

心の育ちと対話する保育

心地よい身体性と生活文化の物語

生活文化への挑戦
〜拡大する自我 VS 生活文化〜

心地よい身体リズムを獲得する最適期は幼児前期ですが、その力を基礎に、生活文化の獲得に向かっていくのが幼児中期の特徴です。はしを使い、自分で服を着脱し、1人でトイレに行くなど、生活の自立に向かって活動していく時期なのですが、拡大する自我と、保育者に要求される生活文化の間には、容易に統一できない矛盾が存在するのです。

生活文化への挑戦

3、4歳児は生活の自立に向かって、仕上げをしていく時期でもあります。食事・衣服の着脱・排せつ・清潔・片付けと、生活にかかわる基本的なことが自分でできるようになっていくのです。

もちろんこうした生活文化の獲得が、自然に行われるわけではありません。ここで要求されるほとんどのことは、子どもが内側から必要とすることではなく、親や保育者が子どもに要求することなのです。保育者は「片付けなさい」と言うけれど、子どもは放置しておいたほうが楽ですし、食事だって欲しい物だけ食べればいいと子どもは思っているのに、「好き嫌いしないで、全部食べなさい」と大人に要求されるわけです。しかもややこしいのは、こうした大人の言葉が、「子どものため」という善意に裏打ちされていること。つまり幼児中期の生活文化は、「大人の正義」と「子どもの自己主張」という対立の構図のなか、子どもたちに伝達されることが多いのです。

自我が大きく拡大し、毎日がおもしろくて仕方ない子どもたちに大人の要求が向けられるわけですから、生活を心地よくすることが簡単にいくはずはありません。

自分の生活は、自分で決めていく

もちろん、だからといってあきらめてはいけません。大事なのは、「自分の生活は、自分で決めていく」という子どもの自己決定権を基本に、心地よい生活文化の獲得に向けて関係をつくり出していくことです。

ただし誤解してはいけませんが、ここで言う「自己決定権」とは、子どもの言いなりになることではありません。「なんでも保育者が決めて、子どもに押し付けること」を排除する――そんな関係を基礎にした保育実践、あるいは、生活のあり方について、子どもと対話しながら決めていく保育実践とでも言えるでしょうか。

ここで、ひとつの事例を通して考えてみることにします。着替え用の服をよく忘れるユミちゃんが（忘れるのは親ですが）、着替えのときに「ズボンがない」と保育者に言ってきました。忘れたときはいつも、保育園のズボンをはくのですが……。

69

生活文化への挑戦 〜拡大する自我 VS 生活文化〜

心地よい身体性と生活文化の物語

ユミ：「先生、ズボンない……」
保育者：「あれまあ、終わっちゃった？」
ユミの引き出しを開けると、着替え用のズボンが3枚入っている。
保育者：「ユミちゃん、3つあるよ。ここから選ぼうよ」
ユミ：「……」
保育者：「ユミちゃん、嫌？」
ユミ：「いや！」
保育者：「そうか、保育園のズボンをはきたいの？」
ユミ、うなずく。
保育者：「でもさ、引き出しになかったら保育園のをはくけど、今日はユミちゃんのズボンが3つあるから、ここから選んでほしいな」
ユミ、今まで聞いたことがないくらい大きな声で泣き出す。
保育者：「ユミちゃん、この3つから選んでね。先生、待ってるからね」
ユミは泣きやまず、しだいに声が大きくなり、さらに激しく泣く。保育者はユミを抱きしめて「待ってるよ」と声をかけ、おやつの準備を始めた。

保育者にしてみれば、どうしてこんなことにこだわるのか、わからなくなってしまう場面でしょう。実際この保育者は、保育園のズボンにこだわるユミちゃんの気持ちがどうしても理解できず、「家のズボンが引き出しにあるときは、そのなかから選ばなければならない」ということにこだわって要求しているのです。「これを認めると、ユミちゃんのわがままを認めることになる」と……。結果、ユミちゃんは保育者の要求を受け入れ、3本のズボンから1本を選んで、泣きながらはいたと記録には書かれています。

保育者の常識と子どもの気持ち

さてそれでは、この実践を「3歳児の自己決定権」という視点で見たとき、どう評価すればよいのでしょうか。おそらく、「3本のなかから1本を選ばせる」という選択肢の提示は、それなりに正しいのだろうと思います。そしてそれ以降の対応も、大筋で間違っていないでしょう。しかしただ一点、ユミちゃんのこだわりの意味を理解できていなかったことが、この実践の問題点だということも指摘しておかなければなりません。

つまり、「引き出しに家のズボンが入っているときは、保育園のズボンははかない」という保育者の常識が、ユミちゃんの常識にはなっていなかったということなのです。保育園のズボンをはくことの多いユミちゃんにしてみれば、引き出しに入っている3本と保育園のズボンとを合わせて、自己決定権が保障されるべきだと考えたのでしょう。しかしそうした選択肢は、最初から保育者の頭のなかにはなく、保育園のズボンを選ぶことは「わがまま」なのだと迫られる……。

もちろん、保育者に悪意があったわけではなく、子どもに強要しようと思ったわけでもありません。ただ、保育者のなかにある常識は、子どものなかにもあるはずだと勝手に思い込んだことが、子どもには自分の気持ちを理解してくれない、理不尽な対応に思えて、泣けてしまったのです。

揺れる自我世界と対話して

実は、生活場面では、この事例のような誤解と無理解に基づいた指導が、結構起きやすいのです。3歳児はそんなとき、だだをこねたり、ぐずったり、突然泣き出したりと、保育者の理解できない行動に出るのですが、たいていそこには、子どもなりの正当な理由があるのです。

言葉が達者で、時に大人のような表情を見せる3、4歳児は、すべてが言葉で通じると考えてしまいがちですが、まだ言葉で処理しきれないでいるのが幼児中期の子どもたち。言葉にならない矛盾や葛藤の世界を共感的に受け止め、言葉に置き換えるかかわりを、とりわけ生活場面では丁寧に行いたいものです。そしてそのためには、ルーティンワークのように生活を流さない、子どもの気持ちに寄り添う精神的余裕を意識してつくり出す、といった努力が保育者には求められます。

そしてあと一点。生活場面では言葉の力にあまり頼らず、心地よい生活文化を園文化として当然のように繰り返し経験させていく、そんな淡々とした実践が重要だということも、指摘しておきましょう。

虚構と想像の物語　虚構的知性

ごっこ・ごっこの3、4歳児
〜ごっこの気分がつなげる不思議な関係〜

現実に存在しないものを頭のなかに描き出す想像力が育っていくのが幼児中期です。この時期のごっこあそびは、まさに想像力に依拠し、想像力を育てながら楽しむ活動です。子どもたちはそのなかで、現実世界と虚構世界とを融合させたような不思議な心理状態を経験します。そのような心理状態を「混同心性的思考」と呼んだりもしますが、ごっこがつなげる不思議な仲間関係は、幼児中期の心の育ちに大きな意味をもちます。

心の育ちと対話する保育

●「見立て・つもりあそび」から「ごっこあそび」へ

積み木を自動車に「見立て」、ネコになった「つもり」であそぶ2歳児のあそびを「見立てあそび」「つもりあそび」と呼びましたが、このなかで創り出した虚構世界を集団で共有してあそぶ活動を、「ごっこあそび」と言います。よく見ていると、これが結構不思議な活動として展開されているのです。例えばごっこあそびで、子どもたちは知らない間に「役」を決め、「せりふ」を語り始めるのですが、ここで展開されるあそびのシナリオと演出は、いったいどのようにして共有されているのでしょうか。

一般的に3歳児のごっこあそびは、見立て・つもりの気分と気分が響き合い、場を共有する形で展開されていくのに対して、4歳になるとストーリーを共有してあそぶようになります。もちろんそこにシナリオなど存在しないわけですから、そこで頼りになるのは、相手の頭のなかに生じているストーリーをおもしろがりつつ、自分の頭のなかでストーリーを創り出すといった、かなり高度な作業を瞬時に行う能力になります。

現実世界を生きる太郎君が頭のなかに作り出した「お父さん」という役の世界と、現実世界を生きる花子ちゃんが、これまた自分の頭のなかに作り出した「お母さん」という役の世界をつなげながら、暗黙のうちにストーリーを創造し合っていくわけです。こう考えると、子どもたちがかなり複雑な世界を共有しながらごっこあそびを展開していることがわかります。

そしてそこにこそ、発達的意味があるのです。

幼児中期 **3**歳〜**4**歳半

役の背後にあるルールの世界を生きるおもしろさ

ある心理学者が、3歳と5歳の姉妹の「きょうだいごっこ」を観察し、記録しています。現実世界で生きる2人は、いつもけんかをして手に負えない状態にあったというのですが、これがごっこあそびのなかでは、実に平和な「姉妹」の関係を生きているというのです。普段はお菓子が余ったりしようものなら、「わたしの！」と間髪入れず取ってしまう姉が、ごっこでは「小さい○○ちゃんにあげましょうね」と、優しく渡している……。

いったいなぜ、こんなことが起きるのでしょうか。それは、ごっこで子どもたちが生きているのは現実ではなく、「役」として頭のなかに創り出した世界だという事実のなかに理由があります。

「役」の世界を生きようとすると、その背後に存在する社会的ルールに従う必要が生じます。つまり姉役をするとき、自分が知っている「姉」の「姉らしい」部分を頭のなかに描き出し、「姉らしさ（役の背後にあるルール）」をつなげて役に変身するおもしろさを生きるのが、ごっこあそびなのです。

ごっこあそびは「第二の自我」を創り出す

現実世界では自分の要求に従って活動する子どもたちが、ごっこあそびでは「役」の背後にある社会的ルールに従って行動するということなのですが、このことは同時に、ごっこあそびのなかで子どもたちが「第二の自我」を創り出し、その世界を共有しながら活動することを意味しています。

もちろんここで創り出す「第二の自我」は、あくまでも虚構世界で創られ、ごっこの気分に乗りながら仲間と共有しているにすぎません。つまり、自分が選んだ「役」に変身しているうちに、無意識に選び取った「第二の自我」にほかならないのです。

そのため、こうして表現される「第二の自我」に過度の期待を寄せることはできませんし、それが現実世界を変える即効薬になるわけでもありません。子どもは、背伸びした「第二の自我」を生きるためにごっこあそびをしているわけではないのです。

しかし、それではごっこの世界が子どもの自我形成に意味をもたないかと言うと、それも違います。何よりも大切なのは、こうしてごっこの気分に乗って仲間と虚構世界を共有する体験が、その後、仲間と価値や目的や理想を共有しながら生きていく、心の原体験になるということなのです。

対話する保育実践

鬼ごっこ・かくれんぼはおもしろい

幼児中期には、鬼ごっこやかくれんぼにも大きな変化が現れ、3歳と4歳とでは、おもしろがる質が大きく異なります。3歳の前半は「楽しむ」という境地からほど遠く、涙や怒りの入り混じった、実に不思議なあそびが繰り広げられます。以下は、3歳児クラスで展開したかくれんぼの記録です。

10月6日　ゾロゾロ……そしてだれもいなくなった

ミナとアキコが「先生、かくれんぼしよう」と言ってきて、7人であそび始めた。しかし、みんなどうも隠れ場所を考えていない様子。保育者が隠れようとすると、後ろからゾロゾロとついてくるのだ。だから、一瞬で見つかってしまうのだが、それでもおもしろいらしく、そんなあそびが7、8回続いた。タダシがオニになったときは、隠れているのにちっとも探しにこない。それもそのはず、彼は途中で気が変わり、砂あそびを始めてしまったのだ。そして1人抜け、2人抜け……、とうとうだれもいなくなってしまった。

> どうも子どもたちはかくれんぼが楽しいのではなく、かくれんぼをしている自分を楽しんでいるようなのです。保育者がいないとあそびそのものが成立しないのですが、もちろん保育者がいてもうまくいくわけではありません。オニが嫌な子がいたり、オニになりたい子がいたりと、毎日がドラマなのです。

12月22日　オニなんか嫌いなんだよ！

かくれんぼをしていたとき、カズキが肩を怒らせて訴えてきた。「先生、トシキ君のこと入れてあげるのもうやめようよ。だってさ、ぼくが見つけたのにオニはいやって言うんだよ」
見ると、3メートルほど離れた所でトシキが固まっている。「トシキはオニなんかいやなんだよっ、バカバカ！」と叫んだかと思うと、石をカズキ目掛けて投げつけた。運悪くその石がカズキの左まゆに当たってしまい、手当てをした後、トシキに話を聞いてみた。
保育者：「トシキ君は、どうしてそんなにオニが嫌なの？」
トシキ：「だって、だって……。トシキ、オニが怖いんだもん」
ミズエ：「オニったってさー、本物じゃないよ、人間だよ」
ミキオ：「オニになりたくなかったら、見つからないところに隠れればいいじゃないか」

> 説得に応じることなく、トシキ君はそれからどんなに誘われても参加しなかったそうです。そして、トシキ君の変化を感じるある出来事が、次のように記録されています。

幼児中期 **3**歳〜**4**歳半

12月25日 オニの周りでジッと見ているトシキ

公園に着くと、さっそくかくれんぼが始まる。トシキはどうするかなと見ていると、参加せず、ひとり滑り台であそんでいる。

保育者：「トシキ君も一緒にやろうよ」

トシキはそんな誘いに、首を横に振るだけ。

保育者：「オニが嫌だったら、わたしも一緒にやってあげるよ。大丈夫だよ」

トシキ：「トシキ、やんないよ」

しかし、その後もトシキを見ていると、皆が楽しむ様子を滑り台の上からジーっと見つめたり、オニの周りをグルグル回ってはチラチラ横目で見たりと、もう気になって仕方ない様子。今後どんなプロセスを経て、トシキが一歩を踏み出していくのか、とても楽しみだ。

12月26日 「トシキ、オニやったよ！」

公園に着くと、さっそくタカオが「かくれんぼする人、この指とまれ」と友達を集めている。そのなかにトシキの姿が……。さっそく「オニを決めよう」とジャンケンをすると、なんと、よりによってトシキがオニになってしまった。

トシキ：「なんだよっ、トシキやんない！」

保育者：「わたしと一緒にやってみない？　1人だったら怖くても、2人一緒なら大丈夫！」

トシキは体をくねらせるような仕草をしていたが、いきなりしゃがみこんで手で顔を覆い、「1、2、3……」と数え始めたではないか。慌てて保育者も、しゃがんで声を合わせた。「……9、10。もういかーい」「まーだだよ」そして、子どもたちの「もういいよ」の声に、保育者の手をぎゅっと握りしめて、友達を探しにいくトシキ。「あっ、見つけた！」とうれしそうに見つけては、名前を呼んでいく。

保育者：「トシキ君すごいね。全員見つかったね。次はケイ君だから、トシキ君のオニはこれでもうおしまいだよ」

トシキ：「先生、早く隠れようよ！」

その後保育者が「どうだった？　怖かった？」と聞くと、「ぜーんぜん、怖くなかった」と、トシキ君は胸を張って答えたそうです。さらに着替えのときには、「先生見てて。トシキ、自分でできるから」と、いつもと違い、積極的に着替えに取り組んだというのです。
こうして3歳児の鬼ごっこ・かくれんぼは、まさに波乱万丈の物語と共に展開していくのですが、こんな経験を繰り返し、4歳も半ばになると、最後まで隠れきることが喜びとなり、捕まったり、捕まえたりが楽しくなってきます。こうして「ルールのあるあそび」が楽しめるようになるとき、「勝ち負けのあるあそび」も楽しめるようになってくるのです。

探索と
探究の物語　探究的知性

探究する物語からプロジェクト活動へ
～知的好奇心が科学する心に変わるとき～

知的好奇心が大きく膨らむ幼児中期は、周囲に広がる世界を関連づけて理解する論理的思考が育つ時期でもあります。体験を通して身体のなかに形成された生活的概念と、図鑑や本で知った科学的概念とを、主観的かつ論理的に結び付けながら創り出す「探究する物語」が大きく広がっていくのが幼児中期です。

心の育ちと対話する保育

毎日が発見の3歳児、変化のなかに法則を見い出す4歳児

3、4歳児は好奇心の塊で、とにかく何にでも興味を示し、おもしろがります。しかも興味をもつ時間が持続し、昨日から今日、今日から明日へと継続していく点に、幼児中期の子どもたちの特徴があります。

ダンゴムシに興味をもつと、ダンゴムシ捕りに明け暮れ、カエルをおもしろいと思えば、今度はカエル捕りの日々を過ごし……と、とにかく興味のおもむくままに毎日を過ごす3歳児。これが4歳になると、さまざまな変化を関係のなかでとらえるようになってくるからおもしろい……。

例えば、毎日のように散歩先で築山滑りをしていた4歳児が、雨で散歩を断念した翌日のこと。いつものように築山を滑ろうとした途端に、ある子が築山の土を見て「この前は白かったのに！」と叫んだと言うのです。そこで理由をわかっていながら「本当？」と返した保育者の言葉をきっかけに、大論争に発展。ところがクラスでいくら話し合っても、本当のことはわかりません。結局、築山の土の色を毎日観察することになったのですが、少しずつの色の変化を、子どもたちには認識できずにいました。

そんなときです。2日続けて雨が降った翌日に築山を見たら……。茶色くなった粘土質の土の色が、子どもたちの目ではっきりと認識できたのです。そして、「いったいどうして？」と、さらに議論は発展していき……。

子どもの小さな発見に耳を傾けて一緒に考えていると、4歳児の不思議心に火がつき、世界を関係性で理解する論理的思考が育っていくのです。

幼児中期 3歳～4歳半

🔴 科学する心の芽は主観的思考のなかに

もちろん、3、4歳児のなかに論理的思考が育っていくといっても、それはかなり主観的で、誤解と誤りに満ちた、非科学的な性格を帯びたものである場合が多いのです。特に3歳児はそうした傾向が顕著で、話を聞いていると、つい笑ってしまうことがあります。

例えば、ある日テラスで3歳児クラスの子が2人、しゃがみ込んで何か話をしていました。保育者がそばに行くと、なんとテラスのコンクリートの上に、5匹のオタマジャクシがきれいに並べられ天日干しの状態に……。驚いた保育者が「何してるの、オタマジャクシさん、かわいそうじゃない！」と思わず叫んだところ、2人は「だって、寒そうだから」と……。水の中は寒そうだから、外に出して日なたぼっこをさせてあげようという優しさが生んだ行動だったのですが、3歳児を保育しているとこんなことが日常茶飯事です。子どもには子どもの論理や生命観があるのです。

問題はここで、子どもの論理にどう立ち向かうかということです。「何してるの！」ではなく、「何してるのかな？」と聞けば、子どもたちは自分の論理を語り始めます。その子どもの言葉を聞いてから、一緒に考えればいいのです。もちろんその場合、大人の論理を押し付けないことも大切です。

たとえ主観的であれ、非科学的であれ、事象と事象の間を関係づける力こそが、「科学する心の芽」となっていくのですから。

🔴 探究する物語からプロジェクトへ

重要なのは、こうして立ち上がってきた「探索と探究の物語」を、プロジェクト活動へと誘っていくことです。おもしろさと不思議心と困難な課題とを抱え込んだ子どもたちが、自分たちで調べ、アイディアを出し合い、解決に向けて知恵と力をつなげていく……。そんな形で展開するプロジェクト活動を組織することが、3、4歳児の保育実践の課題です。

もちろん、ダイナミックな活動を長時間やろうなんて考える必要はありません。あくまでも自然な形で、子どもたちの知恵と力で活動を創り上げていく……そんな姿勢を崩してはいけないのです。

対話する保育実践

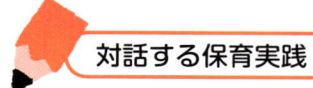

探索と探究の物語を、協同する活動（プロジェクト活動）に

3、4歳児の要求に対話的に向き合って実践を創っていくことは容易ではありません。大きな集団でひとりひとりの要求を伸ばしながら、それをクラスの活動へと発展させていく営みは、頭で考えるほど簡単ではないのです。それでも、この時期の子どもたちにとことんつきあうと、「科学する心」の芽がしっかりと育っていくことに気づきます。そんな3歳児の「探索と探究の物語」を、ダンゴムシと1年間つきあうなかで創り出した実践の紹介です。

ヤスオ：「ダンゴムシ、葉っぱ食べてー」
トモキ：「アリんこ、食べるんだよ」
ヤスオ：「食べないよ、きっと」
トモキ：「食べるよ」
保育者：「食べてたの、見えた？」
ヤスオ：「うん。ダンゴムシ、ごちそうあるよー。早く食べれ！　みんなで」
トモキ：「（枯れ葉を）食べてる！　見て！」
保育者：「よーし、じゃあ、葉っぱをたくさん入れてあげようか」

このように、ダンゴムシと子どもたちの毎日は繰り返されていったといいます。そんなある日、ミズエちゃんが『ぼく、だんごむし』（福音館書店）という絵本を持ってきたので、保育者が読んであげました。なかでも子どもたちが好きなのは、卵と赤ちゃんのページ。

タロウ：「コレ赤ちゃん、赤ちゃんだ！」
ミキコ：「かわいいー、アブアブしろー」
ヒトシ：「バブ、白い！」
ミキコ：「バブ、白い」
ヒトシ：「白い、白い、白い」

そうやって絵本を見ながら話した後、今度は飼育ケースにいるダンゴムシをつかんで、子どもたちは話し始めたそうです。

ミキコ：「ほら、こっちにもダンゴムシの赤ちゃん」（小さいダンゴムシのこと）
保育者：「コレ、赤ちゃんなの？　バブバブ、赤ちゃーん」
ミキコ：「大きいダンゴムシも来たよ」
保育者：「じゃあ、お母さん？」

幼児中期 **3**歳～**4**歳半

ミキコ：「おうちに入らない、ミキちゃんのこと好きだから」（自分の手から動かないダンゴムシをうれしそうに見せる）

> そんななか、「知識欲旺盛」なヒトシ君が、『やぁ！出会えたね　ダンゴムシ』（アリス館）という絵本を持ってきます。ヒトシ君は保育者がその絵本を読むそばで、開いたページに書いてあることをどんどん自分で解説し、これが大人顔負けの知識だというのです。

ヒトシ：「あのね、女の子がね、赤ちゃん産んで結婚するんだ。知らなかったでしょ」
保育者：「ダンゴムシも男の子と、女の子がいるんだ」
ヒトシ：「うん」
保育者：「よく見るとダンゴムシの体にクリーム色の点々模様があるんだって。ついてる？」
ヒトシ：「ついてる」
保育者：「これは何してるの？」
ヒトシ：「皮ね、ちょっとずつ脱いでるの。後ろから脱ぐんだ」
保育者：「どうして半分ずつ脱ぐんだろう？」
ヒトシ：「いっぺんに脱いじゃうとね、痛くなっちゃうんだって、体全体が」

> しばらくすると、ダンゴムシが増えすぎたこともあり、段ボールで「だんごむしのいえ」を作ることになりました。そして引っ越しを終えたころ、実際にダンゴムシの脱皮に遭遇したりするうちに、保育者は「子どもたちをダンゴムシの赤ちゃんに出会わせてあげたい」と考えるようになりました。
> そこで別の飼育ケースを「あかちゃんのいえ」にして、触らない約束で育てていったといいますが、人気があるのは自由に触れる段ボールのダンゴムシ……。それでも最初に赤ちゃんを発見したときは、園内を歩き回り、みんなに見せて回ったといいます。

園長：「見せて見せて、それがそうなの。初めて見た。本当だ、ちっちゃーい。すごいね。赤ちゃんが生まれたんだ。ねえ、ダンゴムシって赤ちゃんで生まれるの？　それとも卵で生まれるの？」
ミズエ：「卵で生まれる」
園長：「そうだね、卵で生まれるんだよね」
ミズエ：「ほ乳類だから」

> しかしその後も、赤ちゃんダンゴムシを探すのはいつも保育者で、子どもたちはなかなか「あかちゃんのいえ」に興味を示しません。そんなとき、ヤスオ君が持ち上げたダンゴムシのおなかから、赤ちゃんダンゴムシが次から次へとはい出してきて……。そのときのヤスオ君は、それまでのどんなときとも違い、目を輝かせ、歓声を上げたのでした。

保育者：「本当だ、すごい……」（保育者も初め
　　　　　て見て、言葉が出ないほど驚いた）
ヤスオ：「あのね、ヤスオね、メスだってわか
　　　　　って裏にしたらね、赤ちゃん出てきた
　　　　　んだよ」
保育者：「よく見つけたね、みんなに見せよう」

> この出来事があってから、子どもたちのダンゴムシに対する態度が変わってきます。赤ちゃんダンゴムシは大人になるまで育てなければなりません。食べ物を調べ、観察し、大きくなるまで見守るようになっていった3歳児の姿が、次のように記述されています。

世話係も増えました。競うように調理室に野菜くずをもらいに行き、えさを与えるのですが、そんななか、驚きの発見もありました。えさのニンジンにダンゴムシがびっしりと付いていて、1日でニンジンがぼろぼろになってしまうのです。
「赤ちゃんはニンジンが好きなんだねー」
「ニンジン、いっぱい穴あいちゃったの」
「スゲー、スゲー、もうボロボロだよ」
そして1か月もすると、赤ちゃんの体調は3ミリくらいになり、目に見えて成長が実感できるようになってきました。

保育者：「ダンゴムシ、大きくなったよね」
サトシ：「もう2歳なんじゃない？」
シンイチ：「3歳だよ」
タロウ：「大きくなって、お兄ちゃんになったみたいだね」

> その後、子どもたちは、半透明の赤ちゃんダンゴムシがニンジンを食べると、ピンクに染まることを発見したり、秋になると急にダンゴムシがいなくなることに驚いたりと、1年近くダンゴムシとかかわることになったといいます。保育者は1年間を振り返り、次のように書いています。

1つの段ボール箱を拠点にして、子どもたちは不思議さやおもしろさを探求し、仲間を増やし、仲間と共に活動の場を広げて行き、そしてまた段ボール箱の周りに集まってきていました。そのなかでひとりひとりの子どもも、そしてわたし自身も成長したように思えます。豊かな環境や条件がなくても、自分たちの生活空間で、子どもと共に創り出すことのできる実践があることを実感しました。

幼児中期 3歳～4歳半

共感と文化の物語　共感的知性

文化に開かれた豊かな生活

言葉が発達する幼児中期は、絵本や幼年文学に描かれた世界が大きな影響を与えます。3歳児が話に感情移入してのめり込むように物語の世界に入ってくるのに対して、4歳児になると話の続きを期待しながら、仲間とストーリーを共有できるようになってきます。

心の育ちと対話する保育

全然、ヨシオ映らないじゃん

大好きな親や保育者との共感的関係を基礎に、子どものなかに広がってきた絵本や歌といった文化財が、その人間関係を抜きにしても楽しめるようになってくるのが3、4歳児です。

その基礎にあるのは、この時期に著しく発達する言葉の力です。言葉を聞くだけで頭のなかに映像が浮かび、その映像と映像とをつなげながら自分のストーリーを創り出す……。絵本や幼年文学を読んでもらう活動は、一見すると受動的な活動のように見えますが、実は子どもの頭のなかでは、かなり能動的な営みとして展開されているのです。

ある3歳児クラスでのことです。午睡の前に、担任の思いつきでクラス全員が出てくる素話をすると、これが子どもたちに大ウケ。翌日もリクエストにこたえて、素話を始めました。

「さあ今日もいい天気。リサが『水着をきたい』と言うので、みんなで水着になってあそんでいました。『見て、かわいいでしょ』とピンクの水着をきているミカ。気がつくと裸であそんでいるのは……」このように話が進んでいき、「そして、かみなりどんは帰っていきました。おしまい」と終えようとすると、ヨシオ君が急に布団をかぶって寝始めたのです。

後でそばにいた保育者に聞いてみると、ヨシオ君は「全然、ヨシオ、映らないじゃん」とつぶやいたそうです。ヨシオ君の頭のなかの映像に、自分がまったく「映らない」ことに抗議するヨシオ君の言葉のなかに、3歳児の知性のようなものを感じないではいられません。

共感と文化の物語
共感的知性　文化に開かれた豊かな生活

● お話の世界から、虚構を共有する仲間の世界へ

幼児中期の子どもたちに絵本を読むと、ちょっとしたきっかけで絵本の世界があそびに発展することもしばしばです。例えば3歳児クラスで、『おたまじゃくしの101ちゃん』（偕成社）を園庭で読んだ後、絵本を読んだ保育者がお母さん役に、もうひとりの保育者がザリガニ役になって、打ち合せもなく、こんなふうに展開しました。

保育者（母）：「オタマジャクシの子どもたち、行くわよ」
この言葉に「すっかり気分はオタマジャクシ」で、部屋に帰りかける子どもたち。しかしこの言葉が発せられると同時に、園庭のトンネルに身を隠す保育者（ザリガニ）。それに気づき、ジュンとミズキもザリガニに……。
保育者（ザリガニ）：「待てー」
ほかのザリガニと一緒にお母さんを追いかけてくる。
保育者（ザリガニ）：「お母さんオタマジャクシを捕まえろー」
保育者（母）：「キャー、助けて！」
家に帰る前に捕まってしまったオタマジャクシのお母さん。
子どもたち：「やめろー！　お母さんを返せ！」
こう言いながら、なかなか追ってはこず、家（トンネル）の周辺で様子をうかがうオタマジャクシの子どもたち。
ジュン・ミズキ（ザリガニ）：「お母さんオタマジャクシを食べようよ」
保育者（ザリガニ）：「待て、冷蔵庫に入れてからだ。オレ様はそれまで寝る！　グー、グー」（ここから、『おおかみと七ひきのこやぎ』のイメージ）
すると……。
子どもたち（オタマジャクシ）：「行くぞ！」「今だ、助けろ！」
この声を聞くと、ザリガニの子どもまでがオタマジャクシになり、保育者（ザリガニ）のおなかをジョキジョキ切るまねをしたり、お母さんオタマジャクシ（？）を助け出したりしていた。
保育者（母）：「おまえたち、ありがとう！　みんなで力を合わせてくれたから、助かったよ」

ザリガニからオタマジャクシに容易にくら替えするところなど、いかにも3歳児という感じのする実践ですが、このように絵本のストーリーやイメージを共有しながらあそぶことができるのが、幼児中期の特徴なのです。

● 物語を起点に、物語を創り出す4歳児

4歳児になると、物語とのかかわり方も少し変わってきます。お話の世界に感情移入しながら付き合ってきた子どもたちが、ストーリーの展開過程と客観的に対峙するようになってくるのです。そしてその物語を起点に、「自分たちの物語」を再創造していく力は、なんといっても4歳児のものでしょう。
この時期は、歌や絵本や幼年文学を通して物語世界を共鳴し合う人間集団の原体験、「物語共同体」が創られる実践をゆったりと保障したいものです。

幼児中期 3歳～4歳半

対話する保育実践

お話の世界が広げる虚構と想像の共同体（物語共同体）

4歳児になると、保育者の語る話を聞いて楽しむだけでなく、ちょっとした仕掛けで、物語と対峙しながら自分たちの物語を創り出す「物語共同体」とでも呼ぶべき集団へと誘うことができるようになります。そんな4歳児の実践を1つ紹介しましょう。

> 絵本『ロボット・カミイ』（福音館書店）に夢中な4歳児クラス。あるとき保育者が「あのね、実はね、ばら組さんに昨日、小包が届いたんだよ」と段ボール箱を開けると、一枚の手紙が入っていたのです。

ばらぐみのみんなへ

ばらぐみのみんな、げんきですか。
げんきにそとであそんでいますか。
ぼくはロボット・カミイです。
みんな、ぼくのほんをよんでくれて、
ぼくのことすきになってくれて、
たくさんえをかいてくれたこと、
ロボットのようちえんからみていました。
ほんとうにありがとう。
とってもうれしかったよ。
だから、みんなにペンをプレゼントしたいとおもいます。
このペンで、すてきなえをたくさんかいてね。
そしてまた、ロボットのくにへおくってね。
たのしみにしています。それではまたね。

　　　　　　　　　　ロボット・カミイより

> 手紙を読んだ子どもたちは大喜び。カミイからもらったペンでいっぱい絵をかき、手紙に「ロボットの国へ送ってね」と書いてあったことを思い出して、郵便局へ。その様子がクラスだよりにまとめられています（次ページ）。

83

狭い郵便局の中はばら組さんでいっぱいです。とても静かにしていたばら組さん。緊張していたのかもしれません。それに今日は、ただついてきたのではなくて、みんなが郵便物を出す本人なのですから。
ユミちゃんが住所を書いた後、重さ、大きさを測ってもらっています。それをじっと見守る子どもたち。事前に郵便局にお願いしていたこともあり、「これ、お願いします！」の子どもたちの声に、「はい、確かにお預かりしました」と、郵便局のおじさんも大きな声で対応してくれました。その言葉にホッとしたのか、子どもたちはとてもよい顔で笑っていました。郵便局を出る前にシュン君が、「ロボット・カミイにお願いします」でっかい声でお願いしていたのには、ほかのお客さんも笑っていました。

帰り道もカミイの話題でもちきりで、子どもたちは「ぼくたちもカミイを作りたい」と言い始めます。そこで段ボールで等身大のカミイとチビゾウを作ったところ、今度はカミイと一緒に散歩に行くと言う……。そんな散歩の場面も、クラスだよりで次のように記録されています。

「カミイと散歩に行きたい」という子どもたちの声にこたえて、カミイを連れて運動公園へ散歩に出かけました。遊歩道までは交通量が多いので、わたし（保育者）が背負って行きました（通行人も見てました）。そのときすでに、カミイの足が取れかかっていたので（あまりにハードな接し方により）、まずはお店でガムテープを買い、そこで足を修理してから運動公園に向かったのでした。

このあと、カミイは滑り台をすべらされ、ブランコに乗せられと、さらにハードな扱いを受けることになるのですが、どこかで終わりにしたいと考えた保育者たちは、3月半ばの夕方、カミイとチビゾウを片付けることにしました。すると翌日は大騒ぎ……。「きちんと片付けた？」「盗まれたんだ」などといろいろな意見が出るなか、ある子が「ロボット幼稚園も卒園式だけん、忙しいけん、帰ったんじゃない？」と発言。その言葉に、子どもたちは妙に納得した雰囲気だったというのです。
すると今度は、保育者にひらめきが……。ロボット幼稚園のロボットたちを再現し、カミイがそこに帰ったことを子どもたちに知らせようと。そして、先生役とカミイの友達役のロボットを3体作り、隣町の公園で滑り台に乗っている写真を撮って、カミイの手紙と一緒に園に送ったのです。
もちろんそれを読んだ子どもたちは大感激です。なんといっても写真付きの手紙ですから、「やっぱり、ロボット幼稚園に帰ったんだ」と納得。そして、「今度はぼくたちがカミイに手紙を出そう」ということに……。

不思議な実践です。『ロボット・カミイ』の物語を起点にしながら、そこで創り出された虚構世界に対して、現実を生きている子どもたちがリアルに働きかけていくのですから、これは結構ややこしい……。彼らは、ロボット幼稚園の存在を信じているのか、自分たちが作ったカミイとロボット幼稚園で生活するカミイの関係をどう考えているのか……。考えれば不思議なことだらけなのですが、一冊の絵本から始まったカミイの話が、こうして子どもと保育者の間で増殖し、新しい物語として集団保育のなかで再生した実践です。

幼児後期
4歳半〜6歳

幼児後期の育ちの特徴と保育のポイント

自己内対話能力を基礎に、協同的活動を豊かに展開

「自己内対話能力」が育ち、2つの自我をつなげながら自己決定ができるようになってくる時期。この力を基礎に、仲間と価値や目標を共有し、活動を創造することを楽しめるようになってくるのが特徴です。

子どもの興味・関心を起点としたプロジェクト型の「協同的活動」が豊かに発展するのがこの時期。「共感と文化の物語」と「探索と探究の物語」とが深いところで絡み合いながら、協同する活動が生成・発展していく点に特徴があります。

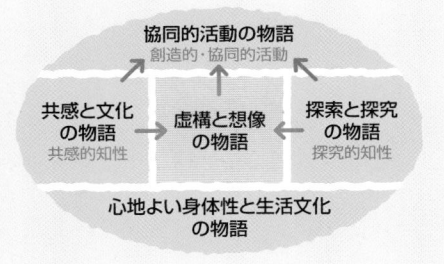

```
            協同的活動の物語
            創造的・協同的活動
                 ↑
  共感と文化        虚構と想像      探索と探究
   の物語    →    の物語    ←    の物語
   共感的知性                      探究的知性
                 ↓
         心地よい身体性と生活文化
                の物語
```

自己内対話能力
仲間と協同する心の育ち

まず、幼児後期の育ちを特徴づける「自己内対話能力」について解説します。

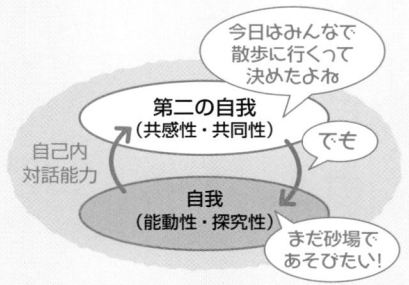

図1 自己内対話能力の獲得（4歳半〜）

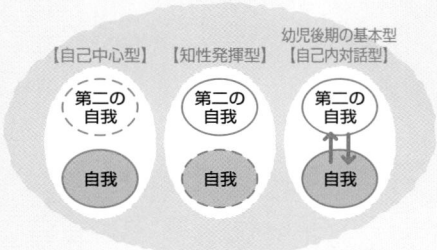

図2 3つの自我の間で揺れる幼児後期

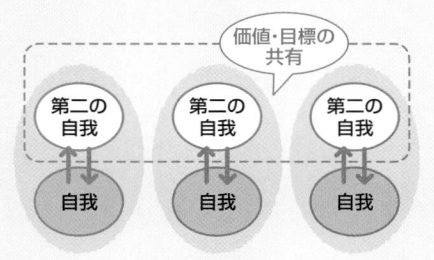

図3 幼児後期の協同的活動（プロジェクト）

●自己内対話の力を基礎に、協同する心の育ちを

　自分のなかに2つの自我を形成し、それらをつなげる力＝「自己内対話能力」を獲得していく過程に、4歳半までの保育のおもしろさがあります。そして、その自己内対話能力を基礎に、仲間と目標や価値を共有し、協同的・創造的な活動を創り出していく点に、幼児後期の保育実践のおもしろさがあるといえるでしょう。つまり幼児後期とは、仲間と創り出す生活に向かって、子どもたちの「心」が大きく開かれていく時期なのです。

　「自己内対話能力」をイメージしやすいように整理したのが図1です。「ぼくはまだ砂場であそびたい（自我）」、「でも今日はみんなで散歩するって決めたよね（第二の自我）」というように、自分のなかに形成された「自我」の世界と、社会的知性として獲得した「第二の自我」の世界とをつなげながら自己決定する力が、まさに「自己内対話能力」なのです。

　もちろん、この時期にその力が完成するわけではありません。幼児中期でふれたように、多様な形で現れる自分の間を揺れながら発達する姿（図2）は、5歳児になっても続いていきます。ただ、5歳児になると、「2つの自我をつなげながら活動する姿」が一応基本の形になっていき、そうやって「自己決定していく姿」が、5歳児の中核部分に位置づくようになっていくのです。

　大切なのは、こうして自己内対話することに「誇り」を感じ始める幼児後期の子どもたちを、「仲間と共に価値や目標（第二の自我）を創り出し、それらに向かって背伸びし合う集団」へと、活動を高めていくことにあります。つまり図3のような生活へと、子どもたちを誘っていくことが重要なのです。

●課題はあるが、対話のない保育実践

　しかし実際にそのような集団を創り上げていくことは、容易ではありません。「仲間と共に」といっても、そのイメージは園あるいは保育者によって多様であり、その違いが質の異なる保育実践を生み出す要因となっているのです。こうした問題について、2つの芋掘りの実践を例に挙げて考えてみましょう。

　1つは、ある学生（Kさん）がレポートに書いてくれた芋掘り体験です。

幼児後期 4歳半〜6歳

　芋掘りといえば、幼稚園のときの遠足を思い出します。園から少し離れたイモ畑に着くと、葉やつるが取り除かれて、土だけになった一角がありました。そこに順番に並び、先生の合図で掘り始めたのですが、わたしは周囲に広がる緑の葉っぱのほうが気になり、列から離れて葉っぱの下を掘り始めたのです。すると「おイモはこっちにあるよ」という先生の声がして、元の位置に連れ戻されてしまいました。それでも「あっちがいい」と葉っぱの下にこだわるわたしは、何度も連れ戻され、先生にしかられました。

レポートを書いた学生は、青く広がる葉っぱの下にイモがあると考えたのでしょう。そしてそういう思いを素直に行動に移したら、先生にしかられてしまったというのですが、問題はそれだけではなかったようです。

　結局わたしは、先生に指示された場所でイモを掘り始め、確かにそこにイモはありました。大きなイモが掘れて、それはそれで楽しかったのですが、今度は「掘ったおイモをこの袋の中に入れましょう」という先生の指示が。それでは自分が掘ったイモがわからなくなるとだだをこね、また先生にしかられた……そんな苦い思い出があります。

もちろんこれは、記憶のなかの芋掘り体験であり、実際にはもう少し違った側面があったのかもしれません。しかしそれにしても、「自分で掘ったイモを自分で持って帰りたい」というKさんの思いを、なぜこの保育者は無視してしまったのでしょうか。
おそらくこれは、事前に立てた計画に、イモを自分で持ち帰るプランがなかったという理由によるのだと思います。つまり、子どもに経験させたい活動のイメージはあっても、子どもがそうした経験を創り出す主体者だという意識がないのです。子どもの内面に生成する物語に耳を傾けながら、子どもと一緒に保育を創り出す、という保育の思想が欠如しているのです。

●子どものつぶやきと保育者のひらめきとが響き合うとき

もう1つ、こんな実践記録もあります。この園では、自然との豊かなかかわりを保障しようと、畝作り・苗つけ・草取りと、最初から終わりまで、すべて子どもたちの手でイモの栽培に取り組んできました。しかしいよいよ収穫という段階で、思わぬハプニングが起こります。

自己内対話能力　仲間と協同する心の育ち

　その日は年中組も同行することになり、年長児は年中児たちを連れて得意げに畑にやってきました。そして、一面に広がるイモの葉っぱを見て、ある年中児が、「葉っぱしかない」とつぶやいたのです。
　保育者はその言葉に反応し、「イモはどこにあるの？　葉っぱしかないよ」と、子どもたちに攻勢を仕掛けていきました。保育者の迫真の演技に、最初はキョトンとしていた年長組の子どもたちは、慌てて畑の周りを探し始めます。

　　子どもたち：「鳥が取ったか？」「そうだ、まだ早すぎるんだ」
　　　　　　　「あっ、うーんと、葉っぱしか植えんかった」
　保育者Ａ：「じゃ、イモは植えなかったの？」
　子：「植えんかった」
　保育者Ａ：「失敗したね。イモを植えておけばイモができたかもしれんのにね」
　子：「先生がいかんわー。イモ持ってこんで、葉っぱ持ってきたもん」
　保育者Ａ：「どうして先生が悪いの？　みんなも葉っぱを植えたがね」

　その後、これでは葉っぱ取りになってしまうと怒る年中児を連れて園に帰ったのですが、それから年長組で展開した話し合いがまたおもしろいのです。

　　保育者Ｂ：「畑どうだった？　イモ、いっぱいあった？」
　　子：「なかった」「葉っぱしか植えんかったで、葉っぱしかなかった」
　　　　「違うわ、土の中にあるんだわ」

　その後、「土の中」説と「地上」説とで大論争になり、最終的にはクラスで「博士」と呼ばれる物知りのヒサオ君が、「イモを植えて、葉っぱになるのはサトイモ。サツマイモは、この前の葉っぱを植えるとイモになるの」と語った言葉で一件落着。翌日、再度芋掘りに畑に向かったということです。
　ヒサオ君の言葉からわかるように、子どもたちがイモについて無知だったというわけではありません。ただ、事実を目の前にすると、言葉で得ただけの知識に自信がなくなったのです。そしてこの保育者は、子どものなかに生じたこの微妙な知の揺らぎを「おもしろい」と直感し、「葉っぱしかないよ」という言葉で応答したのです。

●「対話のない保育」と「対話する保育」との間

　イモの所在をめぐって、一喜一憂しながら試行錯誤を繰り返す子どもたちの姿を思い浮かべるだけで、どこか幸せな気持ちになってくるから不思議で

す。おそらくそれは、試行錯誤を繰り返しながら活動する子どもたちの姿に、「考えながら生きていく人間の姿」を見い出すからなのでしょう。つまり、周囲に広がる世界のなかに意味を創り出し、意味と意味の間に論理を創り出す子どもたちの生活のなかに、物語を紡ぎながら生きていく人間の、人間らしい生き方が見えてくるのです。

　これに対して、前者の実践には大人の指示に忠実に生きる子どもの姿が浮かんでくるばかりで、周囲の世界に能動的に働きかける子どもたちの姿がありません。そしてそこで実践する保育者も、トラブルを避けるために「転ばぬ先の杖」を周到に準備し、大過なく活動を展開させるためにエネルギーを注ぐ……そんな姿勢が、無意識のうちに見え隠れしているように思えて仕方ありません。

　もちろん、この保育者たちに「悪意」があるとは思いませんし、子どもたちを「管理」しようと躍起になっているとも思いません。しかしトラブルを避ける保育は、どうしても子どもたちの「発見する権利」を奪ってしまいます。そしてその結果、子どもたちの思考を「閉じられた思考」へと、つい導くことになりがちなのです。

　人間の思考は本来、外の世界に向かって大きく開かれたものでなければなりません。あることを「不思議だな」と思えば、その意味を解くために実験を繰り返し、別のことを「おもしろいな」と思えば、そのおもしろさを深めようと自由に想像世界を膨らませていく……。そんな自由な発想を育てていく保育が「対話する保育」です。保育者中心でも子ども中心でもなく、子どものなかに生成する（立ち上がってくる）物語と、保育者のひらめきとが心地よく響き合いながら、子どもと保育者が一緒に創り上げる保育実践とでも呼べばいいでしょうか。そして、そうした活動をわたしは「協同的活動」と命名し、幼児後期の保育実践の中核部分に位置づけたいと考えています。

　ここでいう「協同的活動」は、これまで教育学の世界で「プロジェクト活動」と呼んできた活動と同義と考えても構わないと思います。イタリアのレッジョ・エミリア・アプローチや、スウェーデンのテーマ活動なども同じような発想で実践されています。それらはすべて、異質な他者が共存していく21世紀に生きる人間の発達を、乳幼児期を豊かに保障することで実現しようという考えに基づいて展開されているものなのです。

　さてそれでは、そんな思いで取り組まれる「協同的活動」を、日本ではどのように展開していけばよいのかを考えていきましょう。

心地よい身体性と生活文化の物語　基本的生活活動・日常的生活活動

協同する生活とあそび
～日常の生活も自分たちで能動的に～

食事・衣服の着脱・清潔といった生活の自立にかかわる活動を、「基本的生活活動」と呼びます。一般には「基本的生活習慣の形成」と呼ばれたりしますが、保育者が考えた「生活習慣」を、正しいものとして一方的に伝達する傾向の強いこの活動を、子どもと一緒に創り上げる実践に転換していく意味を込めて、この本では「基本的生活活動」と呼んでいます。これに対して、グループを作ったり当番活動をしたりと、毎日の生活の基礎となる人間活動を「日常的生活活動」といいます。とかく機械的で管理的になりがちな生活の分野を、子どもと対話的に創り出していくとどのような保育になっていくか、挑戦しがいのある活動です。

心の育ちと対話する保育

安定した生活と対話的関係を基礎に、豊かな生活文化の創造へ

「プロジェクト型の協同的活動」が幼児後期を象徴する活動だとすれば、そういったダイナミックな活動の基盤で、安定した心と身体を保障する活動が「基本的生活活動」と「日常的生活活動」です。

幼児後期になると、食事や着脱、排せつなどを自分の力で行えるようになってきます。しかしだからといって、この分野の活動を単調な生活の繰り返しで終始させることは禁物です。特に、「食」を中心とした生活文化との出合いは、子どもたちが自分の生命と対話する大切な活動として位置づけることを意識したいものです。

もちろん生活場面の保育実践は、基本的生活活動だけではありません。グループ決めや当番活動といった「日常的生活活動」も、子どもと対話しながら保育を展開しようと意識するだけで、実践のあり方を大きく変えることができるのです。

次ページからは、これらそれぞれの活動に対話的に取り組んだ2つの実践を紹介しましょう。

幼児後期 4歳半〜6歳

> 対話する保育実践

栄養士と子どもたちの対話的実践

「食」に関する活動を展開するには、保育者だけでなく、栄養士や調理師との協働が大きな意味をもちます。T園の栄養士は子どもたちの人気者。
子どもたちとの対話的実践を、その栄養士が実践記録に残してくれました。

ヤスオ：「先生、この実、何かわかる？」
栄養士：「わからない」
ヤスオ：「えーっ、先生でもわからないことあるの？」
栄養士：「そりゃ、あるよ」

> 前日から、ヤスオ君は「○○先生ならわかる」と家族に言い、赤い実の正体をどうしても知りたい様子だったそうです。1週間後、ヤスオ君はさらに熟した実を持ってきました。

ヤスオ：「この実、ジューンベリーって言うんだよ」
栄養士：「この前の実、名前わかったんだ」
ヤスオ：「うん。何か料理できる？」
栄養士：「うーん、ちょっと調べてみるね……」「ジャムにするといいみたいだよ」

> この後、栄養士は調理の合間にジャムを作り、保育室に持っていきました。こんなふうに記録をつけていると、この栄養士は、献立を立てるときも「子どもたちにこんな体験をさせてあげたい」と考えるのだそうです。例えば「ブリの照り焼き」ならば、魚屋さんを呼んで子どもたちの目の前で三枚におろしてもらい、年長児はホットプレートで照り焼きを調理するのはどうだろうと、ひとりひとりの顔を思い浮かべるのだと話してくれました。また、次のような実践報告も書いてくれました。

秋においしいサンマ。いつもは魚屋さんに三枚におろしてもらって調理しますが、塩焼きならやっぱり丸ごと1匹焼くのがおいしいはず。骨のついた魚を食べるのもよいだろうと思って、年長クラスは1匹ずつ焼くことにしました。
そんなサンマの塩焼きの日。「このサンマ、大根おろしと一緒に食べたらおいしいよね」と担任。すると「大根おろしって何？」と子どもたち。えっ！　大根おろしを知らない？
「サンマといえば大根おろし、大根おろしといえば子どもの仕事」と思っていたので、これは驚き。よし、次のサンマの日には大根おろしを作ろう！　いや、どうせなら、七輪でサンマを焼いたら、もっとおいしいはず……。

> 栄養士からの提案を受け、園庭での大サンマ大会が企画され、年長の子どもたちが大根おろしをせっせと作る……。このような実践が展開される背景に、栄養士が保育の場にいる専門職として常に子どもと向き合い、対話している現実があります。つまりそこには、料理を作る人・食べさせる人・食べる人という分離した関係ではなく、食文化を間に挟んで、人間の営みを創造し合おうとする、対話的で創造的な関係が存在しているのです。食を含んだ生活文化と子どもとの出合いを、こうした対話的関係を基礎に保障したいものです。

🖊️ **対話する保育実践**

ウサギ当番が決まるまで

ここで紹介するのは、ある園で展開されたウサギ当番の実践です。ウサギの世話は年長組が当番を決めて、順番に担当する……。そんな約束が暗黙のうちに作られていたこの園で、保育者たちは年度初めに、「ウサギ当番をどうするかは、すべて子どもたちにゆだねてみよう」と考えたのです。

4月1週目　ウサギのえさはだれが持ってくるか

進級する前の3月に年長組からえさのやり方を教えてもらっているので、年長組になったとたんに、張り切ってえさを持ってくる子もいる。忘れてきた子どもたちは、「あーあ、持ってくればよかった」と口々に言っている。

そこで、みんなが集まったときに「ウサギのえさはだれが持ってくればいいか」と投げかけてみた。するとほとんどの子がやりたがっているので、「えさをやりたい人が持ってくればいい」という返事が返ってきた。

> ということで、子どもから「当番」の必要性を訴える声は出てこず、子どもたちの言うように、「やりたい人が持ってくる」という方法でウサギの世話を続けていったといいます。すると、毎日のように世話をしていたカヨちゃんが、「ウサギは元気なんだから、運動する所がないとかわいそう」とつぶやきました。そのつぶやきを耳にした保育者は、翌日、カヨちゃんの思いをクラスのみんなに話してもらうことにしたのです。

4月2週目　ウサギの運動場はどうやって作るか

保育者：「カヨちゃんから、みんなに相談があるんだって」
カヨ：「ウサギに運動させてあげないとかわいそうでしょ。みんなも、ずっと家に入っているのはいやでしょ」

カヨちゃんの提案にほとんどの子どもが賛成し、どんな運動場にすればいいか、早速話し合いが始まる。「丈夫に作ったほうがいい」「走れるくらい広くしないとだめ」「ピョンと跳んで出ないようにしなければ」と次々に意見が出され、次の日から作り始めることになった。

> このように4月いっぱい、ウサギの世話は続けられていったというのですが、最後の週になって、だれもえさを持ってこない日が訪れます。保育者たちは当番の必要性に気づかせる絶好のチャンスと考え、話し合いを実施しました。

4月4週目　だれもえさを持ってきていない。どうしよう。

だれもえさを持ってきていないことを話すと、「えっ」という顔をする子どもたち。しかししばらくして、「大丈夫だよ、草を摘んであげれば」という答えが、子どもから出てくる。

保育者：「じゃあ、毎日だれも持ってこなかったらどうするの？」
アイ：「毎日、草を取ってあげる」
保育者：「だれが？」
ミノル：「だれかが……」
保育者：「だれもやらなかったら、どうするの？」

しばらくの沈黙の後、マサキが次のように発言した。

マサキ：「持ってくる人を決めたらいい」

> これでやっと、子どもたちが当番の必要性に気づくことができると保育者たちは考えました。しかし、「えさを持ってくる人をどうやって決めればよいか」という保育者の問いかけに対して、「ジャンケンで決めればいい」という意見が多数を占め、結局、帰り際に皆でジャンケン大会を開催することが決まったというのです。しかし、数日ジャンケンを繰り返すうちに、膨大な時間がかかることが問題になりました。そして再度話し合った結果、クジで決めることになります。保育者たちの期待する「当番の必要性」に、子どもたちはなかなか気づいてくれません。
>
> それから数日経ち、子どもたちから不満の声が……。その不満とは、「何回も当たる子がいるのに、わたしはちっとも当たらない」というものでした。この意見について議論するうち、やっと「順番に世話をする人を決めればいい」と、当番の必要性を自覚する発言が出てきたというのです。
>
> 子どもたちが「当番の発見」をするまでに要した時間は、実に1か月。保育者が教え、指示すれば30分もかからないことに1か月かけたわけですが、この一見「無駄」に見える時間をかけた意味は、おそらく大きいのだろうと思います。
>
> 子どもたちが生活場面で生じる矛盾や困難に自ら向き合い、知恵と力を出し合いながらその解決策を探っていく。保育者は決定権を子どもに託し、時間をかけて自分たちの生活をつくることを保障する。管理的になりがちな「日常的生活活動」も、こうして対話の関係を丁寧に創り出すことで、民主主義の原体験を子どもたちに経験させることになるのです。

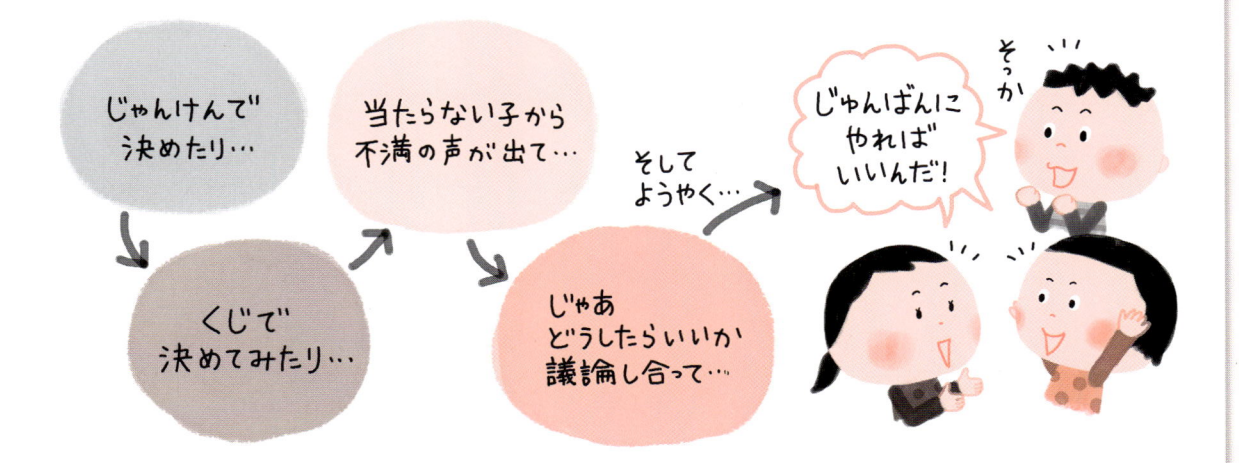

協同的活動の物語　プロジェクト活動

対話する主体を育てるプロジェクト活動

目標や願望のイメージを共有しながらも、それを具体化する道すじや方法がわからず、調査や研究をしながら解明していく活動を「プロジェクト活動」といいます。人は困難を共有するとき、知恵と力を出し合います。そうやって能動性と協同性とをつなげながら「対話する主体」を育てていく活動を、その展開過程や関係性に着目して「協同的活動」とも呼びます。

心の育ちと対話する保育

協同的活動の基礎となる3つの思考力

ひとりひとりのなかに形成されたおもしろさや不思議さを、仲間と共有して活動する子どもたち。この時期の発達上の特徴として、「思考する力」の育ちが挙げられます。

- 世界を論理的に整理しようとする「論理的思考」
- さまざまな事象を、物語（story）と共に理解しようとする「物語的思考」
- 頭のなかで未知の世界を想像しながら創り出していく「創造的想像力」

という3種類の思考力が大きく育ち、それらを複合させながらあれやこれやと思いをめぐらせるようになるのが、幼児後期なのです。
おそらく子どもたちは、科学的知識や主観的論理やファンタジーの世界を織り交ぜながら、自分たちが納得できる論理を創り上げ、それを具体的な形にしていく営みがおもしろくて仕方がないのでしょう。

「探索と探究の生活」や「文化に開かれた生活」の保障を

そんな子どもたちに、世界の不思議に挑戦し、願望やあこがれの世界を具体化していく課題に挑戦する「時間」と「空間」を保障すれば、盛り上がらないはずがありません。つまり、プロジェクト型の協同的活動を柱にして生活を組み立てることは、そうした幼児後期の発達課題にこたえようとするものにほかならないのです。
重要なのは、その協同的活動が、常に「探索と探究の生活」や「文化に開かれた生活」と深くかかわりながら立ち上がり、発展していく事実です。
「探索と探究の生活」のなかで虫を捕まえているうちに、その生態の不思議さにひかれた子どもたちが「昆虫研究プロジェクト」を立ち上げたり、「文化に開かれた生活」のなかで子どもたちが読んだ『エルマーのぼうけん』（福音館書店）が、「どうぶつじま探検プロジェクト」に発展したり……と、これらの生活や活動は、常に深いところでかかわりながら発展していきます。
したがって、プロジェクト型の協同的活動が始動するまでの間に、これら2つの生活を経験する時間を、たっぷりと保障する必要があるのです。

幼児後期 4歳半〜6歳

● プロジェクト型の協同的活動を成功に導く4つのポイント

実際にプロジェクト型の協同的活動を実践するのは、容易ではありません。その主な理由は、保育者自身が、子どもの主体性と協同性とをつなげながらプロジェクト型の保育実践を生成発展させていくイメージをもてていないからなのですが、やってみるとそれほど難しいことではありません。

次の4つのポイントを意識して実践を進めていくだけで、きっと、これまでの保育とはまったく違うおもしろさに出合うことができると思います。

① とにかく子どもの声を「聴き取る」ことから、保育実践のすべてを出発させること

子どもの声を「聴き取る」こと自体は、ほとんどの保育者が大切にしている保育の原則だと思います。しかし「聴き取る」ためには、保育者が話すことを控え、子どもたちがさまざまな提案をしたくなるような時間と空間を意識的に創り出す努力が必要になります。そして、そこで提案された内容が聴き取られ、大切にされる「民主主義の文化」がクラス運営の柱に据えられることが重要なポイントなのです。

② 聴き取った子どもの思いを「記録」し、その発展の方向に思いをめぐらせる習慣を確立すること

保育者は、子どもの発言に対してその場で言葉を返し、結論を出そうとしがちですが、そうやって結論を出し急がないことが、「対話する保育」を成功に導く最良の方法だと言っても過言ではありません。そしてそのためにも、聴き取った子どもの思いを記録することが大切になるのです。

③ クラスのなかに「話し合い」の文化を確立すること

これは別の視点から言えば、「保育者が決定し、指示を与える習慣（文化）を意識的に否定し、子どもに"問いかけ"子どもたちが"話し合う"文化を習慣化するよう努力すること」と整理できるかもしれません。

④「いろいろなことを発見し、決定する権利は、常に子どもたちにある」というルールをクラス運営の基本に据えておくこと

保育者は、知っているとつい教えたくなったり、話し合いと称して、上手に子どもの意見や結論を誘導することがあります。わざととぼけたり、反対の意見を言ったりして子どもの心を揺さぶることはあっても、課題を発見し、意思決定する権利は、常に子どもたちにゆだねることが重要です。

どうしたらいいのかなぁ？
じゃあこんなのは？
えーこうしたらどう？
せんせいしってる？
う〜ん
どうしたらいいんだろうねぇ…

対話する保育実践

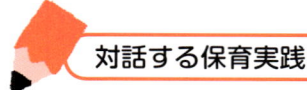

アホウドリ・プロジェクト

ある園で取り組まれたプロジェクトの一例を紹介します。子どもたちが大好きな絵本『ヤンボウ　ニンボウ　トンボウ』（理論社）に登場したアホウドリをめぐって、予想しない展開へと活動が立ち上がっていきました。

どうしてアホウドリはアホウドリっていうの？

メグミ：「あのね、アホウドリって、"あほう"って鳴くからアホウドリっていうんだよ」
トオルほか：「違うよ！　あほうだからアホウドリっていうんだよ」
　　　　　　「そうだよ」「そうだよ」
メグミ：「違うよ。だってお母さん言ってたもん」
トオルほか：「違うよー」「そうだよ！」「そうだよ！」

その場で結論が出るわけではなく、わたし自身も「確かに、アホウドリはなんでアホウドリって言うのだろう？」と思ったので「じゃあ、だれか調べてきてくれる？」と話しました。

> 保育者のこの言葉をきっかけに、子どもたちが家で調べてきては発表を繰り返す日々が続きました。そしてそのうちに、子どもたちの関心は、しだいにアホウドリそのものへと移っていったといいます。図鑑やインターネットで見るアホウドリの写真に興味をもち、「もっとアホウドリのことを知りたい」という気持ちが広がっていったのです。そうした空気のなか、もっとよく知るためにはどうしたらいいか、話し合いがもたれました。

保育者：「図鑑や本で調べる以外に、どうしたら名前のことがわかるかな？」
アイ：「動物園の人に聞いてみればいい」
イサオ：「じゃあ、動物園の人に聞いてから、みんなで動物を見てこようよ」

この一言で、クラスの空気は一気に盛り上がりました。「"子どもたちと調べる"とはまさにこういうことだ！」と思い、子どものほうからそういう声が出て、うれしく思いました。

> 翌日、動物園の人にどうやって聞けばいいか話し合いを再開しようとした矢先に、ヤヨイちゃんが「こんな本があった！」と、『とべ　あほうどり』（新日本出版社）という絵本を持ってきました。そのときの様子を、保育者は次のように記しています。

絵本を読み進めるうちに、子どもたちはどんどんアホウドリの世界に引き込まれていきました。羽を広げると2メートルにもなり、バタバタさせずに風を受け飛ぶこと、卵は1つだけ産んで大事に育てること、求愛のダンスを踊ること……。なかでも人間がアホウドリを乱獲して羽毛布団の材料にしたために、アホウドリが絶滅の危機にあること、そんな人間の所業

幼児後期 4歳半〜6歳

に怒ったかのように、アホウドリがすむ鳥島が大爆発して、ほとんどいなくなってしまったことなど、書かれている内容は子どもたちにとって衝撃的なものでした。

絵本には名前の由来も書いてありました。飛び立つまでに助走が必要で、人間に簡単に捕まってしまうからアホウドリと名付けられたそうです。しかし、子どもたちの気持ちは複雑だったようで、名前の由来がわかって喜ぶ子どもは1人もいませんでした。「人間って悪いよな」と言ったリョウ君の言葉を、子どもたちはどのように受け止めたのでしょうか。わたしも、アホウドリがおかれてきた過去と人間が起こした過ちに衝撃を受け、何も言えませんでした。何か一言でまとめてしまえるような状況ではありませんでした。

保育者と子どもたちが共有した緊張した空気が伝わってきますが、この後、保育者が「アホウドリって羽を広げると2メートルもあるって書いてあったよね。2メートルってどんなに大きいんだろう。アホウドリを見てみたいなあ」と語ります。その言葉に子どもたちが刺激を受け、「見てみたい！」という空気が広がっていきました。調べてみると、山階鳥類研究所でアホウドリの研究をしていることがわかり、手紙を書くことになりました。

> やましなちょうるい
> けんきゅうじょのかたへ
> わたしたちはほしぐみのこどもたちです。あほうどりにあいにいきたいのですが、どこにいけばあえるのかおしえてください。おねがいします。それからとりしまのかざんがばくはつしないかしんぱいです。
> 　　　　　　　　ほしぐみのみんなより

それから1週間後に、研究所から返事がきたから大変です。手紙には鳥島のことやアホウドリのことが具体的に書いてあったのですが……。

> ちかくにゆくふねもなかなかないんですよ。3がつか4がつごろに、とりしまのちかくのうみまでゆく、ごうかきゃくせんの「くるーず」があり、それにのればあほうどりにあえますが、みなさんのおこづかいではのれないのじゃないかとおもいます。
> そういうわけで、みなさんがあほうどりにあいにゆくのは、みなさんがもっとおおきくなるまで、おあずけということになりそうです。
> それまであほうどりのことをわすれないで、げんきにしていてくださいね。

"豪華客船"のところで、子どもたちは「ぼく、おこづかいいっぱいもってるから行けるよ」「千円持ってるもん！」などと言っていたといいます。

実寸大のアホウドリを作る取り組みからジオラマ作りへ

子どもたちはアホウドリに会えないことにがっかりしていましたが、「じゃあ作ればいいじゃん」というヒロキ君の声をきっかけに、早速、実寸大のアホウドリ作りが始まりました。竹ヒゴで2メートルを測り、新聞紙と和紙をはってできた翼は想像していたよりも大きく、子どもたちは改めて、アホウドリの大きさに感動していました。

そんななか、自分から話をすることがほとんどなかったエイスケ君が、「先生、アホウドリの体は作らないの？」と言ってきました。わたしはエイスケ君がそんな要求を出してきたことに驚きつつ、「じゃあ作ってみたら？」と言うと、エイスケ君は本当に1人で作り始めました。しかしなかなかうまくいきません。するとほかの子たちが寄ってきて、エイスケ君を中心に胴体部分が作られていきました。とうとう翼と胴体をつなげて完成！と思っていると、今度はそのアホウドリを「飛ばしたい」というリクエストが……。部屋の真ん中に天井からつり下げてみると、風に揺られて本当にアホウドリが飛んでいるようでした。こうしてアホウドリは、クラスのシンボル的な存在になりました。

そのうち今度は、絵本に出てくる動物を全部作りたいという声が出てきました。そこで、空を飛ぶアホウドリの下に、お話に出てくる極楽島やジャングルをベニヤ板3枚分の土台の上に作り、その上に動物や竜巻を再現。作りながら子どもたちのイメージはさらに広がっていき、絵本のなかに出てくるインドの村の再現へと活動は展開していきました。

> インドの村を再現しようとすればインドのことを、ほかの動物を作るにもその動物のことを調べる必要が出てきます。物語を聞いて理解した世界を紙粘土で再現する営みを通して、子どもたちはさらに認識を確かなものにしていく……。子どもの認識と表現の世界がつながり、仲間と心を響き合わせる——そんなクラスの関係が自然につくられていったのです。

そうこうしているうちに、タカシ君が「ほかの鳥も作りたい」と言い始め、さらにいろいろな鳥たちを空中に飛ばすことになりました。そのときは保護者たちの手も借りながらハゲワシやカラスなどを作り、部屋の中はアホウドリと『ヤンボウ　ニンボウ　トウボウ』の世界でさらに盛り上がっていったといいます。

山階鳥類研究所の平岡さん、園に来る！

その後、こうした取り組みを劇で表現し、卒園に向けて最後の活動を考えていたとき、ある子がアホウドリの引っ越しに関する新聞記事を見つけ、再度アホウドリの話題が持ち上がりました。テレビに山階鳥類研究所の平岡さん（手紙をくれた人）が出ていたという目撃情報もあり、子どもたちは、「平岡さんに会ってみたい！」と大盛り上がり。そんな子どもたちの思いを平岡さんに伝えると、なんと園に来てくださることになりました。

> 平岡さんは、アホウドリを守る取り組みを話してくれたり、生態がわかるDVDを見せてくれたり、子どもたちや保護者の質問に答えてくれたりと丁寧に対応してくれて、子どもたちは、1年の取り組みの締めくくりにふさわしい時間をもつことになりました。
> ちょっとした疑問が、環境問題や自然保護の問題を含む大きな問題につながっていった実践です。5歳児の協同的活動は、こうして子どもたちを「興味・関心の共同体」から「知性と感情の共同体」へと高めていくのです。

> あとがきに
> かえて……

対話する保育のリアリティー

プロジェクトとは無縁の園で

「生活場面から主活動に至るまで、幼児後期の保育実践をプロジェクト型の協同的活動で」と言われても、実際には「自分の園ではそんな保育をやってない」と、ある種の違和感を抱いている保育者も少なくないのではないでしょうか。「行事は内容や時間が決まっていて、園の方針もあるので、子どもと一緒に創る保育なんて無理です」「行事や課題が多くて、いちいち子どもに聞いていたら活動が終わりません」……。おそらく、幼児後期で紹介したいくつかの保育実践を、このような気持ちで読んだ保育者も多かっただろうと思います。

そうです。幼児後期の保育実践は、純粋に「発達の論理」に基づいてというよりも、むしろ「教育の論理」を前面に打ち出しながら展開されているのが現実です。しかも園によってその論理が多様なため、どんな保育理論も、実際にはその現実の壁に阻まれてしまい、ひとりひとりの保育者と子どものところまで届かないというのが実際の姿なのです。

しかしわたしは、この時代にプロの保育者が、子どもたちの人生の最初の６年間につきあうことの意味は、やはり大きいと思っています。いつも大人に指示され、準備されたレールの上をただ黙々と歩くことで最初の６年間を過ごした子どもは、大人になっても他人に指示され、レールが準備されるのを待つ人間に育ちます。あるいはそうやって保育者にいつも準備される生活が嫌で、敷かれたレールを無視し、自分のやりたいことにこだわって結果的にはみ出してしまう子どもたちは、「気になる子」という烙印(らくいん)を押されて、その６年間を過ごすことになります。最も信頼すべき大人の１人である保育者から、そんなまなざしを向けられる子どもたちには、やはりつらく悲しい人生の記憶が刻まれることになると思います。

子どもを育てるということは、子どものなかに生きる喜びと希望を育てることです。この社会を生きる最初の体験として、わたしたち保育者が子どもたちに保障しようとしている生活の質を、今一度考えたいと思います。それは、この時代を保育者として生きる、保育者の誇りを確立する闘いでもあるのです。

子どもに意見を求めるだけで、保育のおもしろさは変化する

　重要なのは、「プロジェクト活動」と「協同的活動」という言葉で象徴される幼児後期の「対話する保育」を、特別な保育と考えないことです。幼児後期になると生活が複合的になり、「探索と探究の生活」や「文化に開かれた生活」も、純粋に独立した活動として存在するわけではありません。しかし、それぞれの活動が、子どもにこれまで以上に深く染み込んでいくことも事実です。幼児後期とは、こうした知的活動に子どもたちが特別な願望と要求を抱く時期であり、多くのプロジェクトの起点は、こうした日常の活動のなかに存在しています。この分野の活動を、小学校の教科のように計画・実践している園もあるかもしれませんが、それでも少し子どもの意見を聞くだけで、保育の質と意味が大きく変わります。例えば、「行事や課題に追われて、毎日ががんじがらめ」だと悩みを語っていた保育者が、実践の展開過程で少し子どもの言葉に耳を傾けたことで保育が変わったと話してくれました。その日は園外保育でドングリを拾い、ドングリゴマを作ってあそぶ計画になっていましたが、アユム君のあるつぶやきから、実践が立ち上がっていったのです。

アユム：「このドングリ、食べるとおいしいかもね」
保育者：「ええっ食べないでしょ。食べるのはクリで、ドングリは食べないんだよ」
アユム：「でも、リスだっておいしそうに食べてる！」
保育者：「リスと人間はおいしいと思う感覚が違うんだよ」

　このとき保育者は、「ドングリは食べられない」と信じ切っていました。しかし、職員室で話したら、「小さいころ食べた」という先輩保育者の一言が……。しかもクッキーにするとけっこうおいしかったというのだから、二度びっくり。驚いた保育者はクッキーのレシピに夢中になっていましたが、職員室では「まずはアユム君に謝らなくちゃね」という話に。そして、「せっかくだから子どもと一緒に作ってみたら」という園長先生の言葉が弾みになり、翌日、その保育者は早速子どもたちと話し合いました。

保育者：「先生、アユム君に謝らないといけないんだ」
子どもたち：「えーっ、何？」
保育者：「実は昨日、アユム君が『ドングリおいしそう』って言ったんだけど、先生、
　　　　食べられないって言ったの」
子どもたち：「そうだよ。食べるのはクリで、ドングリは食べられないんだよね」
保育者：「でも調べたら、食べられるんだって。クッキーにしたらおいしいんだって」
アユム：「ほらね、ぼくの言ったとおりでしょ」
保育者：「だから今日はドングリクッキーを作ってみよう」

　この提案に、子どもたちはやる気いっぱいで取り組みました。保育者がレシピ通りに「ドングリの殻を石で挟んで割ろう」としていると、うまくいかない様子を見かねたケン君がペンチを取ってくる、「ミルで粉砕」できないと、別の子がすり鉢とすりこぎ

を持ってくるというように、子どもたちがさまざまな提案を出してきたというのです。印象的だったのは、「子どもたちがすごく生き生きしていて、いつも落ち着かない子どもも集中してやっていたんです」という保育者の言葉。自ら要求し、発見し、決定したことには、責任をもって行動していくのが子どもたちなのです。

自己内対話能力に歪（ゆが）みをもった子どもと保育

年長クラスが崩れていく……

　子どもの心が周囲の仲間に向かって大きく開かれていくのが「幼児後期」であり、そういう時期だからこそ、子どもたちに「主体的であると同時に協同的」に活動する「プロジェクト型」の協同的活動が必要なのだと述べてきました。
　しかし現場では、「それどころではないのだ」といった嘆きの声が聞かれます。「5歳児がどうしてもうまく育たない」という相談に始まり、ある特定の子どもが仲間と一緒に行動できず、気に入らないことがあるとすぐに「荒れ」て、「キレ」て、手がつけられない状態になってしまうのだと、途方に暮れた表情で話す保育者が、1990年を過ぎるころから増えてきたのです。例えば次のような相談事例もありました。

　K君に暴力的な行動が現れたのをきっかけに、あっと言う間に学級崩壊状態になりました。1人担任だったところを複数で見なければどうにもならなくなり、ピークだった運動会前には4人がかりというときもありました。虐待を受けている子どもが年長18名中3名。園では「こんなことで」と思うようなささいなことですぐにキレ、物を壊し、人に当たります。体も大きく、友達をけっては泣かし、保育者の髪の毛を引っ張ったり、頭突きをしたり、パンチをしたりと、とにかく目が離せない状態です……。

　わたしは全国の保育者たちから寄せられるこんな相談に乗っているうち、どうも子どもたちのなかに、大切な力が育っていないのではないかと考えるようになりました。それは本書で子どもの「心」の中核部分に位置づけた「自己内対話能力」です。
　さまざまな理由で、「自己内対話能力」が育ちにくい状況が、この国に広がりつつあるのでしょう。そしてそんな時代だからこそ、保育者が専門家として子どもの発達に寄り添う集団保育が、これまでのどの時代よりも大きな意味をもつのだと思います。

自己内対話の崩れ「3つのタイプ」

　一言に「自己内対話能力が育たない」と言っても、その現れ方は単純ではありません。わたしは、全国で広がる「気になる子」の事例にかかわっているうちに、「自己内対話能力」がうまく育たない子どもに、3つのタイプがあることに気づきました。

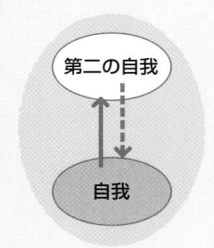

①超わがままタイプ
自我がとても強く、社会的知性が育っていないタイプ。甘やかされて育ち、親が「しつけ」をさぼったケースと考えられがちですが、実は幼児前期のころから、拡大する自我に丁寧に向き合ってもらった経験に乏しい子が、このタイプになりがちです。「だれか、ぼくを受け止めて！」と彼らの願いは切実で、大人を試すように自我世界を発揮してくるのが特徴です。

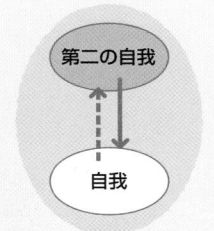

②超おりこうさんタイプ
社会的知性が肥大化し、自我がやせ細ってしまっているタイプの子ども。以前は消極的で緊張感の高い子によく見られたケースですが、最近は早期教育にはまった子どもが、親の要求に過剰適応しながら発達した事例を多く見るようになってきました。強制・命令されるわけではありませんが、「頑張れば褒められる」「褒められるから頑張る」と、大人の願いを先取りしながら生きるタイプです。

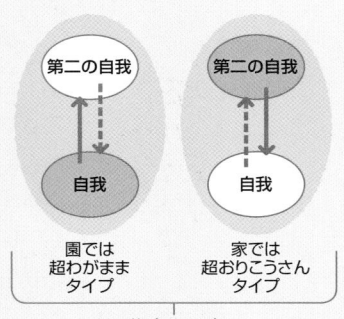

③複合タイプ
親の前では「超おりこうさんタイプ」として行動するのに、園に来ると「超わがままタイプ」に変身するタイプの子どもです。親の前で過剰なくらい緊張する理由に、虐待の問題が存在していることが多く、対応の難しいタイプです。以前はこの逆で、保育者の前で緊張気味に生きる子（第二の自我を発揮しながら生きる子）が、親の前ではわがまま（自我の塊）になるのが普通でした。親の前で見せる社会的知性は園のなかでは決して出さないのと同様に、保育者の前で出す自我の世界は親の前で出さないので、2種類の自分が分裂したまま共存する点が深刻です。

　特にタイプ③の子どもが、特定の大人との信頼関係を実感することなく集団保育に入り、「安心」と「信頼」の拠点を求めてさまよう姿、イライラを周囲にぶつける姿が、多くの園で見られるようになってきたころから、問題が深刻になってきたように思います。そのような子が、仲間との間に「共感」の関係を築いていくことに困難を抱え、その結果クラス全体が落ち着かない、荒れてしまうといった状況に陥ってしまうケースが増えているのです。
　しかし、深刻な問題を抱えているのは保育者ではなく、子ども自身だということを忘れないでください。たった5年間しか生きていない彼らが、心地よく生活する自分と出会うことができずにさまよっているのです。保育の力で、この子を含めて、仲間と協同する心地よさをすべての子どもに保障する実践を創り出していきたいものです。

ひとりひとりを主人公にする実践が子どもを変える

　しかし、そのような実践は容易ではありません。多くの保育者は、こうした子どもたちを、まずしっかり受け止めてあげたいと、個別に「受け止める」努力をします。もちろん、抱きしめるだけで安定する場合もありますが、これはタイプ①のケースがほとんどで、タイプ③の子どもには、こうした対応が逆効果になることもあるのです。「この子を受け止めよう」と、ワガママにも思える自我（自己主張）の世界に優しく丁寧に向き合っているうち、子どもはその心地よさに浸っていたくなります。そしてそんな思いが、保育者を独占したいという要求に変化し、さらにワガママを言って保育者を困らせ、注意を引こうとあの手この手を使うようになってくるのです。
　おそらく子どもがこんな行動を選択するようになってくるのは、幼児前期（1歳半〜3歳）に保障されるべき次の3つの権利が、幼児後期になるまでだれからも保障されてこなかったことによるのだろうと思います。

①自己主張する権利
②自己主張を受け止められる権利
③相手の思いを、自分のなかに刻み込む権利

　つまり、幼児前期の保育・子育てのつけが、幼児後期になって現れたということなのですが、5歳児は2歳児に戻ることはできません。そこから再度やり直すことは、現実的に不可能なのです。もちろん、抱きしめたり受け止めたりする努力が無意味ということでは決してありません。そうやって個別に受け止める努力を続けながら、5歳児には5歳児らしい保育を保障することで、彼らの自我の立て直しに挑戦してほしいのです。
　そしてそれが、実は「対話する保育」であると同時に、「プロジェクト型の協同的活動」にこだわるもうひとつの意味でもあるのです。
　保育者が子どもに指示を与え、一斉に行動させようとすると、こうした子どもは反発します。みんなのなかに自分が埋没することが、嫌で仕方ないのです。そんな子どもの要求を読み取り、その子の要求がクラスの仲間とつながっていく、そんな形でそれぞれが主人公になっていく保育を丁寧に創っていくことが重要なのです。

　プロジェクト型の協同的活動を柱に位置づけた「対話する保育」の実践は、自己内対話につまずいた子どもたちを救い、新時代の民主主義を乳幼児保育から創造していく、時代が求める保育実践にほかならないのです。

執筆
加藤 繁美

1954年広島県生まれ。名古屋大学大学院教育学研究科博士前期課程修了。
現在、山梨大学大学院教育学研究科教授（教育支援科学講座）。
専門は保育実践論、保育・幼児教育制度論。
主な著書に、
『保育と文化の新時代を語る』共著、童心社、1999年
『しあわせのものさし』ひとなる書房、1999年
『これがボクらの新・子どもの遊び論だ』共著、童心社、2001年
『子どもへの責任』ひとなる書房、2004年
『保育者の現在──専門性と労働環境』共著、ミネルヴァ書房、2007年
『対話的保育カリキュラム　上・下』ひとなる書房、2007年・2008年
（2010年日本保育学会保育学文献賞受賞）
『対話と保育実践のフーガ──時代と切りむすぶ保育観の探究』
ひとなる書房、2009年
『子どもと歩けばおもしろい──対話と共感の幼児教育論』
ひとなる書房、2010年　など。

取材協力
社会福祉法人　共立福祉会　つくし保育園（山梨県）

STAFF

企画編集 ● 中野明子　小林留美
デザイン ● 長谷川由美　千葉匠子
表紙イラスト ● まつおかたかこ
本文イラスト ● 今井久恵　まつおかたかこ
校閲 ● 佐々木智子
楽譜版下 ● 石川ゆかり